Kerstin Elisabeth White

Das Mädchen auf dem Zauberberg

AF204967

Anmerkung der Autorin

Meine Geschichte beruht auf wahren Ereignissen. Einige Namen
habe ich geändert, um die Identität dieser Personen zu schützen.
Ähnlichkeiten mit noch lebenden Personen sind rein zufällig.
Meine Kindererzählung besteht aus Erinnerungen, Erzählungen
und Informationen aus der Kinderklinik – und an manchen Stellen
aus meiner Fantasie. Meine Gedichte, die hier erscheinen,
entstanden zuerst auf Englisch. Ich habe sie auf Deutsch übersetzt.

Kerstin Elisabeth White

Das Mädchen auf dem Zauberberg

Meine Geschichte von
Tuberkulose und Heilung

Impressum:
Das Mädchen auf dem Zauberberg – Meine Geschichte von Tuberkulose und Heilung
© Kerstin Elisabeth White
Morristown, New Jersey/USA 2016

Lektorat, Satz, Layout:
Andrea Richter, München
www.salon-schwarz-weiss.de

Covergestaltung:
Corina Witte-Pflanz
www.ooografik.de
unter Verwendung von:
Fotolia 82174595 »Idylle im Thüringer Wald« © Henry Czauderna

Verlag und Herstellung:
Tredition GmbH, Hamburg

ISBN: 978-3-7345-6544-1 (Paperback)
ISBN: 978-3-7345-6545-8 (Hardcover)
ISBN: 978-3-7345-6546-5 (e-Book)

Im Gedenken an

Erich Horndasch

Akademischer Kunstmaler

* 22. Juni 1926
† 1. Mai 2010

»Alles, was wir sehen, ist in Wirklichkeit farblos!
Nur wir selbst produzieren die Farben in die Welt hinein.«

»Ich glaube, es ist an der Zeit, wieder zu lernen,
was wir verlernt haben. Wir sollten den Versuch wagen,
wieder mehr selbst hineinzuhorchen und hineinzusehen.
Wir sollten uns die Gefühle – und wer wollte bestreiten,
dass diese nicht real sind – ins Wachbewusstsein rufen,
ebenso wie das tiefere Wissen um unsere Seele …«

Erich Horndasch

Für meine Kinder

Janine, Lisa und Eric

Inhalt

Prolog: Botschaft

An einem kühl-grauen Samstagmorgen im November 1996 fahre ich auf der New Jersey Turnpike Richtung Süd nach Brooklyn zu meiner ersten poesietherapeutischen Gruppe. Sie wird von einer Sozialarbeiterin namens Robin geleitet, die sich auf diesen therapeutischen Ansatz spezialisiert hat.

Vor nicht langer Zeit bin ich siebenunddreißig geworden und kann die Stimmen, die sich schon lange in meiner Seele regen, nicht mehr ignorieren. Ich bin an einem Wendepunkt angelangt. Wie soll ich mein Leben weiter gestalten? Was gibt meinem Leben Sinn? Jetzt bin ich neugierig und möchte herausfinden, was es mit der Poesietherapie auf sich hat.

Zu meiner Linken erstrecken sich die Startbahnen des Newark International Airport. Eine Lufthansa-Maschine kreist und setzt zur Landung an. Unwillkürlich denke ich an den Abschied meiner Eltern vor ein paar Wochen nach ihrem jährlichen Besuch bei uns.

Zur Jahreswende 1980/81 war ich von Deutschland mit einem *work-study* Programm in die USA gekommen und dort, wie manch andere, hängen geblieben. Seit 1983 bin ich mit einem Amerikaner glücklich verheiratet. Mit meinem Mann Richard und meinen Kindern Janine (10), Lisa (9) und Eric (3) wohne ich seit neun Jahren in Madison, New Jersey.

Ich hatte meine Eltern also zum Flughafen gebracht. Mein Vater, im Jackett und mit einer Aktentasche unter dem Arm, überprüfte die Tickets. Meine Mutter – in Jeans, die ihre schlanke Figur betonten, einer weißen Bluse und bequemer, dunkelblauer Jacke – stand vor mir. Um den Hals hatte sie ein hellblaues Tuch mit Blümchen gebunden, das gut zu ihrem kurzen, grauen Haar passte. Ihre Augen schimmerten feucht. Beim Abschied umarmte ich sie, konnte jedoch kein Wort herausbringen, auch sie nicht. Mit meiner ganzen Kraft hielt ich die Tränen zurück – ohne genau zu wissen, warum ich so tieftraurig war. Dass mich dieser Abschied an andere Trennungen vor langer Zeit erinnerte, sollte ich erst später erfahren.

Ich gebe Gas und folge den Schildern zur Verrazano-Narrows Bridge. *Sei nicht so emotional*, ermahne ich mich, *konzentriere dich auf den Verkehr*. Mit feucht-kalten Händen klammere ich mich an das Lenkrad. Die erhabenen Stahlbögen der Brücke schieben sich in mein Blickfeld. Ich lenke von der Flanke weg auf die mittlere Fahrbahn, da fühle ich mich sicherer. Flüchtig nehme ich die imposante Skyline Manhattans wahr, dann zieht es meinen Blick in die Tiefe. Unter der Brücke wirbelt das Wasser kleine Schaumkronen auf.

Schau geradeaus! Das Motto unserer Familie kommt mir in den Sinn.

Gleich hast du es geschafft, gleich bist du über die Brücke …

Auf der Abfahrt nach Brooklyn entspannt sich mein Griff endlich. Seit der Geburt meiner ersten Tochter leide ich an Höhenangst. Vielleicht sind meine eigenen alten Verlustängste aufgebrochen, als ich selbst Mutter wurde.

Wenige Minuten später befinde ich mich wieder auf festem Boden und durchquere ein Wohnviertel mit Hochhäusern. Betonklötze, die von kleinen Rasenflächen umgeben sind. Auf einem mit Draht eingezäunten Spielplatz rennen einige Kinder umher. Eine alte Frau in einem schwarzen Mantel geht mit ihrem Hund an der Leine spazieren.

Als ich vor Robins Bürogebäude aussteige, trete ich beinahe in eine kleine braune Pfütze neben einem umgekippten Kaffeebecher aus Styropor. Der Unterschied zu Madison – einem pittoresken Vorort an der Bahnlinie nach New York, mit seinem hübschen Ortskern und gepflegten Einfamilienhäusern mit Gärten – hätte nicht größer sein können. Aber irgendwie bin ich froh, hier in Brooklyn zu sein.

Robin, eine mittelgroße Frau, scheint etwas älter zu sein als ich. Sie empfängt mich im Vorzimmer ihres Büros mit einem gewinnenden Lächeln und führt mich in einen großen, hellen Raum. Dort nehme ich auf einer Ledercouch Platz. Um mich herum sitzen schon ein paar Frauen auf gemütlichen Sesseln mit ihren bunten Tagebüchern auf dem Schoß.

»Bitte bedient euch«, sagt Robin und zeigt mit einladender Geste auf einen Tisch mit Bagels und verschiedenen Sorten von Frischkäse, Kaffee und Tee. Dann stellen wir uns gegenseitig vor. Die meisten Teilnehmerinnen kennen sich schon.

Zuerst bin ich noch etwas nervös, doch dann sprudeln die Worte aus mir heraus: Ich hätte zwar keine Erfahrung im Kreativen Schreiben, doch aufgrund meines Literaturstudiums in Französisch und Englisch hätte ich viel gelesen und Texte analysiert. Seit der Geburt meines Sohnes vor drei Jahren hätte ich das Unterrichten aufgegeben und sei jetzt offen für einen persönlicheren Bezug zum Schreiben. Ich suchte nach etwas Tieferem und Erfüllendem in meinem Leben. Genaue Vorstellungen hätte ich aber noch nicht.

Die Frauen hören aufmerksam zu; eine lächelt mich freundlich an und nickt zustimmend. Ich fühle mich schnell in dieser Runde aufgenommen.

»Du bist hier an der richtigen Stelle«, sagt Robin verständnisvoll.

Dann erklärt sie die Grundlagen der Poesietherapie: Ein Gedicht könne eine Brücke zur inneren Welt darstellen. Je nach Anliegen der Gruppe würde sie ein paar Gedichte aussuchen, die wir zuerst zusammen lesen würden. Durch Assoziationen mit Symbolen, Metaphern und Bildern der poetischen Sprache könnten oft schnell eigene Themen hervorgerufen und tiefe, bis dahin abgegrenzte Emotionen ausgelöst werden. Sie würde uns Schreibimpulse geben, die sie oft aus dem mitgebrachten Gedicht ableiten würde. Dabei könnten wir die Heilkraft des eigenen Schreibens erfahren, Gefühle besser ausdrücken und traumatische Ereignisse verarbeiten und integrieren.

Für mich klingt das alles noch etwas theoretisch. Aber ich bin jetzt gespannt, was ich in den kommenden monatlichen Gruppensitzungen über mich entdecken und erfahren werde.

An diesem Nachmittag beginnen wir mit dem Malen einer *life map*, einer Landkarte unseres Lebens. Dazu benutzen wir bunte Filzstifte und einen großen Bogen Papier. An die Einzelheiten kann ich mich nicht mehr erinnern – nur, dass die Stationen meines Lebens skizzenhaft entlang eines sich windenden blauen Flusses erschienen.

Irgendetwas scheint Robin aufgefallen zu sein. Als wir uns verabschieden, regt sie an, dass ich zu Hause ein Gedicht schreiben soll. Ich habe noch nie ein Gedicht geschrieben, ich weiß gar nicht, wo ich anfangen soll.

An diesem Abend sitze ich – noch erschöpft von meiner abenteuerlichen Reise nach Brooklyn – im Bett. Im Haus ist es ruhig. Die Kinder schlafen schon lange. Ich nehme Bleistift und Block zur Hand und schreibe, ohne nachzudenken oder zu pausieren und wie von selbst, ein Gedicht auf Englisch …

Heimkehr

Mit einem lachenden Gesicht, tanzend auf der Lauer,
steht sie auf dem Bahnsteig der Freude und Trauer.
Wie ein kleiner Clown, der tanzt und funkelt,
vermeidet sie eine Stirn, die runzelt.

Endlose Stunden vergehen,
mit glänzenden Augen in den Himmel sehen.
Berge liegen weit in der Ferne,
zurück in die Heimat möchte sie gerne.

Schwebende Wolken am Himmel wagen
ihre Geschichte zu schreiben, ohne zu klagen.
Hoffnung liegt in der frischen Bergesluft,
doch Tränen und Schmerz eine tiefe Gruft.

Tausend Lichter brennen in der Nacht,
eine starke Hand hält sie mit voller Macht.
Getragen in einem Zug, bald ist sie daheim,
in offene Arme läuft sie, nie wieder allein.

Sie geht zu Bett spät in der Nacht,
ordentlich gefaltete Kleider halten die Wacht.
Der nächste Morgen kommt und wird bringen
ein Kind, das lebt von außen nach innen.

Ich muss das Gedicht immer wieder lesen, erst leise, dann laut
für Richard. Dabei laufen die Tränen ununterbrochen. Die Tür
zu meinem Kindheitstrauma hat sich einen Spalt geöffnet.
Im Alter von drei und vier Jahren (1963/64) musste ich fünf-
zehn unendlich lange Monate – und mit sehr sporadischem
Kontakt zu meinen Eltern – in einer Kinderheilstätte im
Allgäu verbringen. Wie meine Mutter war auch ich schwer an

Tuberkulose (TB) erkrankt. Ein Jahr später musste ich noch einmal für drei Monate zur Nachbehandlung in die Klinik.

Jahrelang hat mein Unterbewusstsein diese Zeit ausgeklammert. Doch jetzt wage ich mich langsam und behutsam daran. Die Wunde ist fast so alt wie ich. Der Schmerz sitzt tief. Durch das Schreiben gelingt es mir zum ersten Mal in meinem Leben, eine Verbindung zu meinem inneren Kind herzustellen, zu dem verlassenen Mädchen von damals.

In den folgenden Poesietherapiesitzungen tritt meine Kindheitsgeschichte wieder in den Hintergrund; doch ich lerne, mich kreativ auszudrücken und zu entfalten. Dass mein Gedicht schon jetzt in mir etwas bewegt hat, das mich auf einen spirituellen Weg führen wird, erfahre ich ein Jahr später.

Im Juni 1997 sitze ich mit Richard, wie an vielen Sonntagen, zum Gottesdienst in unserer Kirche in Madison. Mein Mann ist mit einem offenen Poloshirt lässig gekleidet. Seine braunen Haare sind kurz geschnitten. Mit seinen ebenso dunkelbraunen Augen schaut er mich liebevoll an. Die Orgelmusik ertönt. Sonnenstrahlen fallen sanft durch die hohen gewölbten Kirchenfenster. Sie sehen aus wie goldene Bänder, die sich zu einer strahlenden Decke zusammenweben, die mich umhüllt. Noch etwas schläfrig bin ich in meiner Gedankenwelt versunken.

Meine Tagträume werden von unserem Assistenzpfarrer Eric unterbrochen: »Heute geht meine Zeit in dieser Gemeinde zu Ende«, beginnt er seine Abschiedspredigt. »Meine Frau und ich werden euch alle sehr vermissen.«

Eric hat sein Studium in Theologie an der Drew University beendet und wird bald eine neue Stelle in Pennsylvania antreten. Ich mochte Eric immer gerne, nicht nur, weil er den Namen meines Sohnes trägt, sondern auch, weil er mich an einen alten Schulfreund in Deutschland erinnert. Eric greift nach seiner Bibel und liest aus Matthäus 9:20-22:

»Unterwegs trat eine Frau, die seit zwölf Jahren
an schweren Blutungen litt, von hinten an Jesus heran
und berührte einen Zipfel seines Gewandes.
Denn sie sagte sich: »Wenn ich nur das Gewand berühre,
werde ich gesund.« Jesus drehte sich um, sah sie an und sagte:
»Hab keine Angst! Dein Vertrauen hat dir geholfen.«
Im selben Augenblick war die Frau geheilt.«

»Die Frau symbolisiert alle, die sich einsam, vom Rest der Gesellschaft ausgesetzt fühlen. Schmerz und Scham sind in ihr verkörpert«, verkündet Eric von der Kanzel. »Sie erinnert mich an Menschen hier, die während der Jahrhundertwende an Tuberkulose erkrankt waren. Ihre Krankheit hatte sie zu Außenseitern gemacht, die in abgeschiedene Sanatorien in Pennsylvania und im Staat New York geschickt wurden, um dort zu heilen. Sie wurden verstoßen, da man Angst hatte, sich bei ihnen anzustecken …«

Bei dem Stichwort »Tuberkulose« werde ich hellwach. Außenseiter zu sein ist ein Gefühl, mit dem ich innigst vertraut bin. Schon in jungen Jahren spürte ich oft so etwas wie eine unsichtbare Wand, die mich von anderen Kindern trennte. Irgendwie fühlte ich mich *anders* und hatte keine Ahnung, warum. Dieses Gefühl verfolgt mich noch heute in meinem Erwachsenenleben im Umgang mit anderen Menschen. Trotz meines nach außen hin glücklichen Lebens, sitzt in mir eine Zerrissenheit, die ich mir nicht richtig erklären kann. Ich komme mir vor wie ein abgehacktes Tannenbäumchen, strahlend geschmückt, doch im Inneren entwurzelt. Ich konnte nur erahnen, dass sie vielleicht mit meinem langen Klinikaufenthalt zusammenhing. Vielleicht hatte ich nie aufgehört, das Leben aus den Augen des einsamen Mädchens zu betrachten.

Noch in der Kirchenbank sitzend, fließen schon wieder die Tränen. Jeder Versuch mich zu fangen scheitert. Das Gedicht vom vergangenen November hatte schon eine Öffnung in den Damm gebohrt, doch jetzt ist er aufgebrochen.

Richard legt seinen Arm um mich, und es gelingt mir mühsam, die letzte Hymne zu singen. Nach der Predigt stelle ich mich in eine Reihe von Mitgliedern der Gemeinde, um mich von Eric zu verabschieden.

Ich möchte ihm mitteilen, warum mich seine Predigt so berührt hat. Doch vor lauter Schluchzen bekomme ich kaum ein Wort heraus. Meine Kehle ist wie zugeschnürt. Richard steht mir zur Seite und füllt die Lücken zwischen meinen Worten. Eric umarmt mich herzlich – doch hinter mir hat sich schon eine Menschenschlange gebildet. Er wendet sich den nächsten Gemeindemitgliedern zu. Unser Gespräch ist beendet.

Zu Hause angekommen habe ich mich wieder etwas gefasst. Die Kinder lenken mich ab mit ihrem freudigen Geplapper und ihren Plänen für den Rest des Tages. Wie automatisch erledige ich, was zu tun ist. Doch ich bin noch tief mit meinen Gedanken in der Kirche.

Ich spüre, dass das Weinen und Erinnern mir gut getan haben. Ich empfinde es, so schmerzhaft es auch war, fast wie eine Gnade. Mein Herz hat sich geöffnet. Zum ersten Mal in meinem Leben spüre ich Gottvertrauen in mir. Ich bin mir sicher, dass die Hand Gottes mich an diesem Morgen zu unserer Kirche geführt hat.

Beinahe hätten wir die Predigt verpasst. Die Sonne schien so schön, und wir wollten eigentlich eine Fahrradtour mit den Kindern machen. Im letzten Moment erinnerte mich Richard an Erics Verabschiedung von der Gemeinde, die wir nicht verpassen sollten.

Ich weiß nicht, was Eric dazu bewegt hat, von der TB-Epidemie zu sprechen. Doch durch diese Fügung hat sich mir eine höhere Macht offenbart.

An diesem Sonntagmorgen fühle ich intuitiv, dass auch ich – so, wie die blutende Frau aus der Bibel – heilen werde. Ich weiß, dass ich irgendwie den Weg in die Vergangenheit zurück finden werde. Diese Gewissheit spüre ich im tiefsten Innern. Dabei kann ich noch nicht wissen, welch langer Weg vor mir liegt. Eine physische, psychische und seelische Reise, die mich zu vielen neuen Orten führt.

Es umhüllt mich ein Licht. Ich sehe und spüre es in diesem Moment und auch noch tagelang danach. Es gibt meiner Welt einen neuen Glanz, und ich folge ihm. Mit dem Gedicht und der Botschaft habe ich auf dem Weg zu mir einen Schlüssel für das schwere Tor gefunden und beginne zu schreiben ...

Kapitel 1: Kinderheilstätte

»Glocken hallten durch das Haus
und riefen die Schwestern zum Gebet«

»Angekommen. Hier ist die Kinderklinik«, knurrt der Taxifahrer.
»Das macht fünf Mark!«
Erschrocken setze ich mich gerade hin. Tante Rosi streckt ihre
Hand aus. Sie hilft Jörgi und mir, über die vorgeklappten Lehnen
nach draußen zu klettern.
Es ist dunkel und ruhig, ganz unheimlich. Ich zittere. Tante Rosi
schwingt ihren Rucksack auf den Rücken und gibt dem Fahrer
das Geld. Er steckt es gleich in die Hosentasche. Er stellt unser
Gepäck an der Steinmauer vor einem zugeriegelten Tor ab und
zeigt auf einen langen Draht, der oben an einer Glocke befestigt
ist. Dann dreht er sich um und geht zum Auto zurück.
»Der war aber nicht sehr freundlich«, flüstert Tante Rosi.
Meine Zähne klappern. Tante Rosi setzt mir eine Mütze auf. Wir
stehen vor dem Tor im schwachen Licht. Wann zieht sie endlich
an dem Draht? Die Glocke klingt laut und schrill.
Ein großer Mann öffnet das Tor. Er lächelt uns an. Sein Gesicht
ist braungebrannt. Die Ärmel seiner grauen Arbeitsjacke sind
hochgekrempelt. »Grüß Gott! Wir haben schon auf Sie gewartet«,
sagt er. »Ich bin der Hausmeister. Haben Sie eine gute Reise gehabt?« »Ja, wir hatten eine gute Reise«, sagt Tante Rosi und un-
terdrückt ein Gähnen, das kann ich sehen. »Aber jetzt sind wir
froh, dass wir endlich angekommen sind.« Ich weiß nicht, ob ich
auch froh sein soll. Eigentlich bin ich gar nicht froh.

Tante Rosi, die jüngere Schwester meines Vaters, war erst ein-undzwanzig Jahre alt. Da meine Mutter schon ein paar Wochen zuvor in eine Lungenheilstätte im Schwarzwald eingewiesen worden war und mein Vater dienstliche Verpflichtungen hatte, war ihr die schwere Aufgabe zugefallen, uns zur Kinderklinik zu begleiten.

Im Gegensatz zu mir hatte mein damals vierjähriger Bruder eher unklare TB-Symptome aufgewiesen. Doch um weitere Infektionen auszuschließen, hatte das Gesundheitsamt uns beide in eine Kinderheilstätte im Allgäu eingewiesen. Auch wir Kinder waren ein »Risiko für die Bevölkerung«.

Wie weit entfernt von unserem Zuhause die Kinderklinik wirk-lich war (über 350 Kilometer), konnten mein Bruder und ich uns nicht vorstellen. *Weit weg* war schlimm genug.

Hans, ein Student und Rosis Freund, fuhr uns an einem sonni-gen Tag im Mai 1963 mit seinem beigen Goggo nach Worms. Mit dem Zug ging es dann weiter nach Lindau am Bodensee. Um unser ungeduldiges Umherhüpfen im Abteil im Griff zu halten, steckte unsere Tante uns immer wieder Gummibärchen zu und versorgte uns mit Fleischwurst- und Käsebrötchen.

Es war schon spät am Abend, als wir schließlich in Lindau ankamen und in einem Bus den langen Serpentinenweg zum Dorf hinauf kurvten. Ich war in den Armen meiner Tante einge-schlafen und erst durch das Quietschen der Busbremsen wieder aufgewacht. Die letzte Etappe waren wir dann mit einem Taxi den steilen Berg hinauf durch hohe Tannenwälder zur Kinder-klinik gefahren.

Der Hausmeister führte uns einen Weg entlang und trug unsere beiden kleinen Koffer. Ein paar Laternen flackerten, Schatten tanzten auf dem Weg. Mein Bruder und ich hielten Tante Rosi fest an der Hand. Dabei ging ich sehr vorsichtig und passte auf, nicht auf die gepflegten Blumenbeete zu treten, die den Weg einfassten. Mein fester Kinderglaube: *Wenn ich nichts falsch mache, darf ich bald wieder nach Hause fahren.*

Meine Tante Rosi ging sehr aufrecht und schaute mit eisernem Blick nach vorne. Wir liefen auf das dreigeschossige, weiße Gebäude der »Prinzregent-Luitpold-Kinderheilstätte« zu.

Symmetrische Gebäudeteile winkelten sich beiderseits des Mittelbaus wie Arme nach vorne. Tannen warfen ihre steilen Schatten bis hinauf zum Ziegeldach. Der Wind sauste leise in den Bäumen. Im Licht einer silbernen Mondsichel sah man die Umrisse der hölzernen Terrassen, die sich an der Fassade als zwei dunkle Streifen abzeichneten. Dahinter reihten sich große Fenster. Hohe Glastüren führten in die Zimmer. In manchen schien noch das Licht. Doch nach und nach erloschen sie.

Befremdliche Geräusche unterbrachen die Stille der Nacht: Kinderhusten, trocken und laut.

Der Hausmeister brachte uns in eine Eingangshalle, wo wir eine Schwester antrafen. Ihr Gesicht war lang und blass, ihre Augen dunkel, doch sie sah nicht unfreundlich aus.

Meine Hände sind feucht. Ich klammere mich an Jörgi. Ich merke etwas in meinem Herzen, wie ein kleiner Stein, der dort auf einmal liegt. Vor uns steht eine Frau mit einem weißen langen Kleid. Jörgi und ich starren auf ihre weiße Haube. Sie fällt nicht runter, wenn sie den Kopf bewegt.

»Ich bin Schwester Finaria«, sagt sie. »Du musst Kerstin sein.«
Sie beugt sich zu mir hinunter. Ihre Hand ist kalt.
»Guten Abend.« Ich mache einen Knicks, wie ich es gelernt habe.
»Und du bist bestimmt der große Bruder, Hans-Jörg.«

Jörgi rückt näher an Tante Rosi. Sie holt aus ihrem Rucksack eine Ledermappe. »Sie können ihn ruhig Jörgi nennen«, sagt Tante Rosi. Sie gibt der Schwester die Mappe. Jörgi steckt der Schwester seine Hand hin und macht einen Diener.
»Guten Abend, Schwester Finaria«, sagt er ganz leise.
Ich lasse Tante Rosis Hand nicht los.

Schwester Finaria lobte unsere Höflichkeit, was unsere Tante, trotz ihrer Müdigkeit, stolz lächeln ließ. Schwester Finaria erklärte ihr, dass das Schriftliche morgen erledigt werden sollte. Die Überweisungspapiere und ärztlichen Unterlagen würde der Chefarzt bis dahin schon in der Hand haben. Um neun Uhr früh am Morgen solle sie mit ihm sprechen. So spät am Abend wären die Kinder und ihre Tante doch sicher müde nach der langen Reise. Hausmeister Finkelstein bringe sie zur Übernachtung zum Bauernhof hinter der Klinik.
Wir hingen mit unseren Augen an unserer Tante, als wollten wir sie nie wieder loslassen. Sanft ermahnte sie uns, dass wir alles tun sollten, was die Schwester uns sagte. An der Tür drehte sie sich noch einmal kurz um und winkte uns zu.

»Ihr müsst ganz leise sein, wenn wir die Treppe hochgehen«, sagt die Schwester und legt den Zeigefinger auf ihren Mund.
»Die anderen Kinder schlafen schon.«
Jörgi und ich klettern hinter ihr her die Treppe rauf. Meine Beine wollen nicht mit. Ich muss ständig gähnen. Das weiße Kleid vor mir wippt immer höher. Die Gummisohlen der Schwester quietschen auf dem Boden.
Jörgi flüstert in mein Ohr: »Nur eine Nacht, morgen fahren wir wieder nach Hause.« Auf Station 2 A öffnet uns eine neue

*Schwester eine Tür aus Glas wie Milch. Sie führt uns einen ganz
langen Flur entlang. Alle Türen sind zu. Schwester Finaria klopft
leise an eine Tür. Eine andere Schwester steht vor mir. Sie sieht alt
aus, mit vielen Falten im Gesicht wie meine Uromi. Ihre Lippen
sind fest zusammengepresst. Meine Wolljacke und mein Mantel
zittern mit mir.*

*»Schwester Maria, hier ist Kerstin«, flüstert Schwester Finaria.
»Sie kommt in Ihr Zimmer.«*

*Jörgi hält meine Hand so fest, dass es mir weh tut. Schwester
Finaria zerrt Jörgi von mir weg. »Er wird auf der Station 2 B
schlafen, dort ist gestern ein Bett freigeworden.«*

*Schwester Maria nimmt mich auf den Arm und geht schnell mit
mir in den Schlafsaal. Sie macht die Tür zu. Jörgis Stimme kann
ich immer noch hören. Er weint sogar ein bisschen: »Ich will bei
Kerstin bleiben.« Meine Stimme wimmert: »Jörgi, Jörgi!«*

»Du musst ruhig sein!«, flüstert Schwester Maria.

*Sie ist nett, aber streng. Ich bin gleich still vor Angst und bewege
mich nicht. Sie hält mich in ihren Armen. Ich bin schlaff, wie
ohne Knochen. Sie holt meinen Schlafanzug aus dem Koffer. Mir
ist jetzt alles egal. Ich lasse mich von ihr ausziehen. Ich bin so
müde. Im Bett dreht sich alles im Kreis. Weit weg höre ich Jörgi
immer wieder rufen: »Kerstin! ... Kerstin! ...«*

*Warme Sonnenstrahlen streicheln am nächsten Morgen meine
Wangen. Im Schlafsaal ist es ruhig. Ich reibe meine Augen und
höre, wie meine Mutti leise lacht und sagt:*

»Das Sandmännchen war da. Kerstin, steh auf!«

*Doch dann weiß ich es wieder: Mutti ist gar nicht da, sie ist krank
und weit weg! Fast alle Kinder neben mir schlafen noch. Ein paar
sind schon wach und ziehen sich alleine an. Schwester Maria
läuft herum und macht ihre Bettdecken glatt.*

Ich schaue mich um. Wo sind die Märchenfiguren an der Wand und der blaue Wandbehang mit den Katzen? Aber ich bin ja gar nicht zu Hause! Über den Gitterstäben von meinem Bettchen hängt ein Bild mit einem Mädchen. Es steht neben einem riesigen roten Pilz mit weißen Tupfen. Der sieht aus wie der Drehpilz auf dem Spielplatz daheim. Ich darf nicht weinen. Hier müssen alle Kinder ruhig und brav sein. Die Schwestern werden sonst böse.

Viele weiße Metallgitterbettchen reihten sich links und rechts von meinem. Und in jedem Bett lag ein Kind. Neben den Betten standen Stühle, darauf ordentlich zusammengefaltete Kleider-päckchen.
Über der Tür des Schlafsaals hing ein kleines schwarzes Kreuz. Sonst war alles weiß. Weiße Gardinen, weiße Wände, weiße Betten, weiße Laken und Bettdecken. Der Boden war weiß und blank poliert, und die Schwestern trugen alle weiße Flügel-hauben und Gewänder.

»Kinder! Aufwachen!«, ruft Schwester Maria und klatscht in die Hände. Sie kommt auf mich zu: »Kerstin, du musst dich jetzt anziehen.«
Mein Herz pocht. Ich kann mich nicht bewegen. Ich will mich unter die Decke verkriechen. So viele fremde Kinder. Alles ist fremd. Mein Hals wird eng. Ich will weinen. Aber ich muss tapfer sein, hat mein Vati gesagt. Ich rutsche aus dem Bett.
Auf dem Stuhl liegt mein Koffer. Er ist offen, und ich hole das Steiff-Äffchen heraus. Mutti hat es mir gegeben. Schwester Maria ist jetzt lieb zu mir. Sie hilft mir beim Anziehen.
Die Tür geht auf, und Jörgi kommt in den großen Schlafsaal. Schwester Finaria läuft ihm hinterher. »Nicht so schnell mein

Kleiner«, ruft sie ihm zu. Jörgi bleibt an meinem Bettchen ste-
hen und schaut mich an. Jörgi hat Angst, das spüre ich, weil der
Klumpen in meinem Bauch noch größer und schwerer wird.

Zusammen mit den anderen Kindern gingen wir die Treppe
hinunter in den Speisesaal. Ein süßlicher Duft hing in der Luft.
Auf den langen Tischen standen dicke, weiße Becher und Teller.
Mein Bruder und ich kletterten auf eine Holzbank.
Vor uns stand ein Korb mit frischem Butterbrot und Erdbeermarmelade. Eine Schwester mit einer blauen Schürze schob
einen Rollwagen, auf dem ein silberner Topf und weiße Krüge
standen. Sie begrüßte die Neuankömmlinge und stellte den
Wagen vor uns ab. Ihre Stimme klang sympathisch, doch ihr
Dialekt war uns fremd. Sie schob ihre Ärmel so hoch, dass
ihre dicken Arme herausgequetscht wurden. Mit einer Kelle
schöpfte sie Haferflockenbrei in unsere Teller und goss uns
Kakao ein. Wir Kinder rückten näher aneinander und murmel-
ten unsere Namen. Mein Bruder verschlang eine Scheibe Brot,
dick mit Butter und Marmelade bestrichen.

»Das schmeckt nach richtiger Schokolade!«, sagt Jörgi. Er reibt
sich den Bauch. Ich stochere in meiner Haferflockensuppe herum.
Jörgi nimmt meinen Löffel in die Hand. »Komm, Kerstin, ich füt-
tere dich.« Er steckt den Löffel in meinen Mund. Der Brei klebt.
Mein Bauch ist voll. Ich bin satt, aber ich muss schlucken, damit
ich »groß und stark« werde, sagt meine Omi. Der Kakao rutscht
und ist so lecker, dass der Becher gleich leer ist.

Schwester Finaria kam mit langen Schritten durch den Speisesaal geeilt. Ihr weißer Schleier wehte auf ihrem Kopf. Sie

brachte uns schweigend zu unserer Tante. Wir waren so erleichtert, denn wir waren uns sicher, dass wir endlich wieder mit ihr nach Hause fahren durften.

Mein Bruder klopfte mir auf die Schulter und freute sich schon auf die Lokomotive. Unsere Tante stand in ihrem Parka und mit ihrem Rucksack auf dem Rücken an der Tür. Sie putzte sich die Nase und steckte rasch ihr Taschentuch weg. Mein Bruder sprang ihr gleich in die Arme.

Ich will auch lachen und fröhlich sein wie Jörgi, aber ich kann nicht. Ich weiß nicht, warum.

»Habt ihr gut geschlafen?«, fragt Tante Rosi. Sie nimmt mich auf ihren Arm und drückt mich ganz fest. Sie ist warm und weich.

»Ist es jetzt Zeit?«, fragt Jörgi. »Wir müssen nur noch schnell unsere Koffer holen.«

Warum sagt Tante Rosi nichts? Die Schwester ist auch ganz still.

»Kinder«, sagt Tante Rosi endlich. »Ich muss jetzt zurück. Ich kann nicht bei euch bleiben.« Ihre Stimme klingt komisch, nicht wie sonst. »Ihr müsst noch ein Weilchen hierbleiben.«

Ich bin weit weg. Irgendwo anders, aber ich weiß nicht wo. Die Eingangshalle wird immer kleiner. Über mir ist es dunkel. Alles dreht sich.

Jörgi weint. »Nein, nein, geh nicht weg!«

Er schreit jetzt richtig: »Ich will nach Hause, ich will nicht hier bleiben!«

Jörgi klammert sich an Tante Rosis Bein.

Tante Rosi gibt mir einen Kuss und stellt mich auf den Boden neben Jörgi. Er schluchzt laut. Sein ganzer Körper zittert. Tante Rosi kneift ihren Mund und die Augen zusammen. Jetzt weiß ich, dass wir hierbleiben müssen.

Ich bin ganz tapfer. Ich will nicht, dass Jörgi traurig ist. Ich lege meinen Arm um seine Schulter und tröste ihn: »Nicht weinen, Jörgi, du hast ja noch mich.«

Als meine Tante die weisen Worte ihrer Nichte hörte, verlor sie die Fassung. Sie drehte sich um und rannte, so schnell sie konnte, zum Ausgang. Ich lag ihr besonders am Herzen – vielleicht, weil sie selbst als Dreijährige im Winter 1945 mit ihrer Mutter und ihren zwei Brüdern aus Ostpreußen hatte fliehen müssen.

Ein kühler Windstoß erfasste mich. Mit einem lauten Knall fiel die Tür ins Schloss. Mein Bruder beruhigte sich langsam. Ich war innerlich gefroren; ich stand wie auf einer dünnen, brüchigen Eisfläche, die einzubrechen drohte.

Meine Froststarre ließ mich nach außen stark erscheinen.

Auf dem Weg zum Spielzimmer führte uns Schwester Finaria an einer Kapelle vorbei. Die Türen standen offen. Auf dem Altar flackerten zwei hohe weiße Kerzen. Glocken hallten durch das Haus und riefen die Schwestern zum Gebet. Ihre Klänge drangen tief in meine Seele ein und erfüllten mein kleines Wesen. Es war kurz davor, in viele Stückchen zu zerbrechen.

Kapitel 2: Schutzengel

»Zum Trost gab mir Mutter Zwiebackmilch«

Im Winter 1963 zeigte sich das sonst so milde Klima des Rheintals ungewöhnlich frostig. Die Burgen und Weinberge trugen zu dieser Jahreszeit einen Schneemantel. Wie ein silbernes Band schlängelte sich der Rhein durch das Tal. Am Ufer hatte sich eine glatte Eisfläche gebildet. Von hier aus konnte man bis zu der kleinen Insel in der Mitte des Flusses Schlittschuhlaufen. Doch weiter draußen, wo der Fluss tief und breit floss, verbargen sich spitze Felsen und Unterwasserströmungen, die die Eisschollen aufwirbeln ließen. Dort brauchte man Lotsen, um Schiffe durch die reißende Flut zu steuern. Lastdampfer mit Kohle, Öl und Lebensmitteln glitten durch eine weniger gefährliche Fahrstrecke. Die Vergnügungsschiffe lagen während der Wintermonate fest vertäut im Hafen. Nur die Fähre transportierte Menschen von einer Rheinseite auf die andere zur Arbeit. Im November war ich drei Jahre alt geworden. Zusammen mit meiner Mutter Anneliese, meinem Vater Hans-Hermann und meinem Bruder Hans-Jörg, den wir alle nur Jörgi nannten, lebten wir in einer Zwei-Zimmer-Wohnung in der Rheinstraße in Worms.

Zentrum meines Lebens war die kleine Küche. Hier verbrachte meine Mutter die meiste Zeit. In der Mitte stand der weiße Tisch mit vier Stühlen. Der Kohleofen hatte ein schwarzes Rohr, das oben in der Wand verschwand. Wenn meine Mutter die Tür zum Ofen aufmachte und die Kohlen mit einem eisernen

Stab stocherte, leuchtete das Feuer auf, und die Flammen knisterten. Der Schrank mit Geschirr, Besteck, Lebensmitteln und Zutaten zum Backen stand gegenüber an der Wand. Am Morgen schien das Licht durch die Balkontür in die Küche. Am Balkongeländer hingen Blumenkästen. Mutti bepflanzte sie jedes Jahr im Frühling mit Stiefmütterchen und im Sommer mit Geranien. Jetzt lag noch eine dicke Schneedecke darüber.

In diesem Winter quälte mich ein starker, hartnäckiger Husten. Zum Trost gab mir Mutter Zwiebackmilch. Um mich abzulenken, erzählte sie Geschichten aus ihrer Heimat, aus Westpreußen:

»Als deine Mutti ein kleines Mädchen war, und wir noch auf unserem Bauernhof wohnten, habe ich mit meiner Oma Münzen neben den Ofen gelegt. Wenn sie ganz heiß waren, haben wir sie gegen die vereiste Scheibe gedrückt, bis ein Kreis herausgeschmolzen war. Durch das kleine Loch konnten wir hinaus auf unseren verschneiten Garten schauen.«

Sie seufzte ein wenig, setzte sich neben mich an den Tisch und goss sich eine Tasse Kaffee ein.

»Am schönsten war es, wenn wir durch die Schneelandschaft zu unseren Nachbarn gefahren sind, auf einem großen Schlitten, von unseren Pferden gezogen. Ich habe dann zwischen meiner Mama und meinem Papa in Pelzdecken eingehüllt gesessen.«

Wie gerne wäre ich dabei gewesen. Ich sah die galoppierenden Pferde und fühlte die schwere Pelzdecke auf meinem Schoß.

»Aber dann kam der Krieg, und alles wurde anders.«

Muttis Augen glänzten feucht. Sie schaute aus dem Fenster, weit in die Ferne, zurück auf Vergangenes. Mein kleines Herz wurde schwer. Ihre Freuden, ihre Trauer und ihre Schwermütigkeit spürte ich so intensiv, als ob ich selbst freudig, traurig oder schwermütig gewesen wäre. Mutter und Tochter waren symbiotisch miteinander verbunden.

Ich kletterte auf Mutters Schoß, schmiegte mich an sie. Meine kindliche Liebe sollte sie trösten. Dass ich, die Dreijährige, damals schon seelisch überlastet war, weiß ich erst heute. Eine ganze Generation – die Nachkommen der Kriegskinder – litt unter den Folgen der Kriegserlebnisse ihrer Eltern.

Meine Mutter war noch sehr jung, erst achtundzwanzig Jahre, und hatte schon Schlimmes im Krieg erlebt. Sie färbte ihre Haare dunkel, damit man die feinen grauen Strähnen nicht sehen konnte. Ihre Figur war schlank, ihr Gesicht ungeschminkt und ihre Züge weich. Nur zu besonderen Anlässen trug sie ein bisschen Lippenstift auf. Mein Vater wollte es so.

Wenn ich bei ihr auf dem Schoß saß, kämmte sie meinen dicken blonden Pagenkopf mit einer kleinen Plastikbürste. Den Scheitel trug ich auf der rechten Seite. Eine rote Spange hielt die Haare zurück. Doch sobald ich aufstand und herumrannte, fielen ein paar Strähnen über meine blauen Augen.

Mein Bruder, ein schlanker Junge mit welligen, dunkelblonden Haaren, war nur dreizehn Monate älter als ich. Er hatte die sanften, hellbraunen Augen eines Rehs aus unserem Bilderbuch. Er war schon sehr schlau und amüsierte die Großen, wenn er manchmal ein bisschen altklug redete.

Mutter musste jeden Tag zeitig aufstehen. Wie viele Familien Anfang der 1960er-Jahre hatten auch wir noch keine Waschmaschine. Die gesamte Wäsche, die Kinder- und Erwachsenenkleidung, kochte sie in einem großen Topf auf dem Herd und musste alles mit der Hand auswringen und aufhängen.

Wenn ich nicht gerade mit meinem Bruder spielte, lief ich meiner Mutter hinterher, half ihr eifrig beim Staubwischen oder reichte ihr die Klammern für die tropfnasse Wäsche über der Badewanne. Zum Einkaufen ging sie jeden Morgen zu Fuß. Mittags kochte sie ein Mittagsessen mit frischem Gemüse und Obst zum Nachtisch. Vater kam zum Essen meistens nach Hause. Er arbeitete nicht weit von uns als Polizist bei der Wasserschutzpolizei.

Er war von mittelgroßer, athletischer Statur, doch seine Waden waren für seine Körpergröße zu dünn. Er erzählte uns einmal, dass er als kleiner Junge während des Krieges nicht genug zu essen bekommen hatte, und dass sich dadurch seine Beinmuskeln nicht richtig entwickelt hatten.

Tagsüber war meine Mutter ununterbrochen beschäftigt und gönnte sich kaum eine Verschnaufpause. Nachmittags oder abends nähte sie für uns Kleidung und strickte Pullover, Mützen, Schals und Handschuhe. Sie führte den Haushalt mit Liebe und Präzision.

Samstag war Kuchenbacktag. Den süßen Duft, der sich dann in der Wohnung ausbreitete, habe ich noch heute in der Nase. Um meine Mutter etwas zu entlasten, ging mein Vater jeden Sonntagmorgen mit uns an den Rhein auf den Spielplatz. Wir freuten uns immer schon auf den feinen Braten, den sie in der Zwischenzeit zubereitete.

In diesem Winter türmte sich Schnee auf den Schaukeln und dem Sandkasten. Die Rutschbahn glänzte eisig in der Sonne. Am Drehpilz hingen lange Eiszapfen. Mein Vater brachte uns zum Schlittenfahren auf einen kleinen Rodelberg.

Oft mussten wir frühzeitig gehen, wenn ich vom vielen Husten über meine eigenen Füße stolperte. Mein Vater zog mich dann auf dem Schlitten zurück zur Rheinstraße, und mein Bruder stapfte missmutig und mit hängenden Schultern hinterher.

Als ich wieder einmal krank war, setzte meine Mutter sich bei mir aufs Bett, packte die Bettdecke fest um mich, streichelte meine glühenden Wangen und erzählte mir zum Trost kleine Geschichten. Die hatten ihr schon ihre Großmutter und ihre Mutter erzählt, als sie auf die Flucht gehen mussten.

»Weißt du, Kerstin, jedes kleine Kind hat einen Schutzengel, der immer aufpasst. Auch du hast deinen eigenen Schutzengel.«

Abends sang sie noch ein Lied für mich, legte ihre Hände auf meine, und wir beteten zusammen. Nachts wachte ich immer wieder auf, weil ich mich so heiß und schlimm fühlte und endlos husten musste.

Den ganzen Winter bis weit ins Frühjahr wechselten meine Mutter und ich uns mit Bronchitis und Fieber ab. Doktor Schmidt machte viele Hausbesuche bei uns. Unser Hausarzt war ein älterer Mann mit weißen Haaren. Er meinte, dass ich nur eine Bronchitis hätte: »Die haben wir bald wieder ausgeheilt.«

Aus seinem Arztkoffer holte er eine braune Flasche. Er goss daraus etwas auf einen Löffel, das ich schlucken sollte. Es schmeckte nicht schlecht. Süß wie Honig und ein bisschen scharf – wie kalter Wind an den Zähnen.

Ich verbrachte viele Stunden auf dem Sofa, während mein Bruder mit seinen Legos einen Turm baute. Oder ich lag auf meinem Bett und starrte die kleinen Märchenfiguren auf der Tapete an, die vielen bunten Rotkäppchen, Dornröschen und Schneewittchen.

Wenn es mir zwischen den Krankheitsschüben ein wenig besser ging, kletterte ich mit Jörg und den anderen Kindern hinter dem Haus auf einem Autowrack herum. Dabei hatte ich mir bei den großen Jungen aus der Straße abgeschaut, Kaugummi vom Boden aufzuheben und ihn mir in den Mund zu stecken.

An sonnigen Tagen, während mein Vater im Dienst war, ging unsere Mutter mit uns zur Rheinpromenade. In den Rabatten dort blühten unzählige rote, gelbe, blaue und weiße Stiefmütterchen. Obwohl Mutter nichts sagte, spürte ich, dass es ihr nicht gut ging. Sie versuchte, ihr Gähnen hinter ihrer Hand zu verbergen und hatte kaum Kraft, mich auf ihren Schoß zu heben. Auch ich kämpfte mit Müdigkeit und kuschelte mich bei ihr ein. Mein Bruder strampelte voller Energie auf seinem Fahrrad die Promenade hoch und runter.

Die tägliche Routine unserer Kleinfamilie änderte sich tiefgreifend und nachhaltig im Mai 1963. Meine Mutter sorgte sich zunehmend auch um ihre eigene Gesundheit. Sie beschloss, bei Dr. Schmidt zur Klärung eine Blutuntersuchung machen zu lassen. Der schickte sie sofort weiter zum Gesundheitsamt für genauere Untersuchungen.

Vorher brachte sie uns Kinder noch schnell zu unserer Großmutter. Omi war die Mutter meines Vaters. Sie wohnte zusammen mit ihrer Mutter, unserer Urgroßmutter, und ihrer Tochter, unserer Tante Rosi. Omi, einer Kriegerwitwe, stand in Pfifflig-heim, einem Vorort von Worms, eine helle und günstige Zweizimmerwohnung zu.

Unsere Großmutter war sehr besorgt um uns und meinte, dass wir beide sehr blass aussähen. Sie machte unsere Lieblingsspeise: Vanillepudding, verdünnt mit Milch, zum Schlürfen wie Suppe. Diesmal konnten wir uns gar nicht darüber freuen. Mein Bruder und ich wirkten verstört. Auch Großmutter war anders als sonst.

Nach dem Essen spielten wir zu dritt im Wohnzimmer »Mensch ärgere dich nicht«. Uroma saß friedlich in ihrem langen schwarzen Kleid im Sessel und hielt ein Nickerchen. Ihr Kopf mit dem

Dutt aus dünnen, silberfarbenen Haaren und schwarzen Haarnadeln lehnte an einem Kissen; die Hände ruhten mit der Brille im Schoß.

Beim Spielen war Großmutter abgelenkt, stand unruhig auf, um nach Uroma zu schauen, oder um ein paar Krümel vom Tisch zu fegen. Immer wieder ging sie in die Küche, machte das Fenster auf und schaute hinaus. Ihre Schürze, die sonst immer ordentlich am Haken an der Wand hing, lag verknittert auf dem Küchenstuhl. Ihr Gesicht unter der frischen Dauerwelle mit hellbraunen Löckchen war ganz faltig und ohne ihr lustiges Lachen, das wir so liebten. An diesem Tag musste sie sich große Sorgen um ihre Schwiegertochter gemacht haben. Es lag eine Anspannung in der Luft, die sich immer schwerer auch auf mich legte. Ob ich das Unheil schon ahnte?

Endlich klingelte es. Unsere Großmutter lief zur Tür und drückte den Öffner. Es summte laut. Jörg und ich rannten durch den Flur hinter ihr her und blieben an der offenen Wohnungstür stehen. Das Treppenhaus war frisch geputzt und roch noch nach Putzmittel. Mutter kam langsam die Treppenstufen hoch. Ihr Gesicht war rot verquollen und tränennass. Als sie uns sah, senkte sie ihren Kopf. Ich war so froh, dass sie jetzt endlich zurück war. Doch plötzlich überkam mich eine unerklärliche Angst. Am ganzen Körper bebend drängte ich mich an meinen Bruder. Großmutter stand mit ihrer Hand auf dem Mund regungslos an der Tür. Als Mutter endlich die oberste Stufe erreicht hatte, warf sie sich unserer Großmutter in die Arme und schluchzte laut:

»Ich habe TB!«

Damals wusste ich noch nicht, dass auch ich bereits mit Tuberkulose infiziert war. Meine Mutter hatte es schon geahnt.

Kapitel 3: Diagnose

»Der blaue Himmel war meine Leinwand«

Ein Mann in einem weißen Mantel stellt mich auf einen Hocker vor eine große, weiße Kiste.
»Das ist ein Röntgenapparat«, sagt er. Er verschwindet hinter einer Glasscheibe. Die Krankenschwester presst mich gegen eine eiskalte Platte, breitet meine Arme ganz weit aus und schiebt mein Kinn in eine Mulde. Ich darf mich nicht bewegen. Der Doktor ruft: »Tief einatmen ... und ausatmen!«
Ich kann nicht atmen. Es tut so weh. Jedes Mal, wenn ich ausatme, macht der Apparat »klick«.
»Fertig!«, ruft der Doktor. »Jörgi, bitte!«

Der Arzt stellte fest, dass ich eine »offene Tuberkulose« hatte, die, ebenso wie die meiner Mutter, ansteckend war. In einem Brief an meine Eltern vom 30. Juli 1963 schrieb er:
»Bei Kerstin stellt sich röntgenologisch leider eine ziemlich ausgedehnte Schwellung der Lungenwurzeldrüsen dar, die von einer entzündlichen Gewebsbeteiligung des linken Oberlappens begleitet ist.«
Mein Befund war ernst. Viel später erfuhr ich, dass man sogar um meine Leben gefürchtet hatte. Mein Bruder war mit nur einer kleinen Entzündung in den Lungen glimpflich davongekommen. Er würde bald wieder gesund sein. Bei mir rechnete man zuerst mit sechs bis acht Monaten Klinikaufenthalt.
In den drei ersten Monaten verabreichte man mir so viele

Medikamente, dass ich die meiste Zeit vor mich hin dämmerte oder schlief. Halb betäubt ließ ich Untersuchungen, Spritzen und sonstige Anwendungen über mich ergehen. Wenn die sedierende Wirkung der Medikamente nachts nachließ, fuhr ich hoch und rief verzweifelt nach meiner Mutter. Die Nachtschwester eilte in den Schlafsaal und setzte sich an mein Bett.

Die Nebenwirkungen der Medikamente, die fremde Umgebung und die Sehnsucht nach meiner Mutter machten mich unruhig. Ich zappelte mit den Beinen, stöhnte laut und weinte.

Die Schwester versuchte, meinen Arm mit ihrer rauen Hand zu streicheln oder mich festzuhalten. Trotz ihrer Mühen ließ ich mich nur schwer beruhigen. Sie hatte viel Geduld, doch ihre Nerven waren spürbar angespannt. Dann runzelte sie die Stirn, blickte mich streng an und zischte:

»Sei endlich still! Du darfst die anderen Kinder nicht aufwecken!«

Mit der Zeit gewöhnte sich mein Körper an die Medikamente. Und ich hatte gelernt, nicht zu weinen oder unruhig zu sein. Die scharfen Worte der Schwester machten mir Angst. So strampelte ich nicht mehr mit meinen Beinchen und schlug nicht mehr wie ein kleines Tier wild um mich.

Ich fing an, mich selbst zu beruhigen: Ich lutschte verstärkt am Daumen und schaukelte mit meinem Körper hin und her, immer wieder – bis ich irgendwann in einen Erschöpfungsschlaf fiel.

Tagsüber machte ich keine Schwierigkeiten. Krankenschwestern, Ärzte und Ordensschwestern gingen im Schlafsaal ein und aus. Ich verkroch mich unter meiner Bettdecke. Niemand sollte mich sehen oder anfassen.

Ich wollte nur in Ruhe gelassen werden.

Wenn es mir doch zu langweilig wurde, lugte ich unter der Decke hervor und verfolgte das Treiben im Schlafsaal. Ab und zu machte jemand einen Spaß mit mir oder sagte etwas Nettes. Dann lächelte ich schwach. Man war der Meinung, ich würde mich – nach kleinen Anlaufschwierigkeiten – immer besser einleben. Mein Verhalten täuschte alle.

Gewöhnlich machte der Chefarzt morgens mit einer Schar junger Assistenzärzte Visite. Zuerst fragte er Schwester Maria nach dem Befinden von uns Kindern. Diese konsultierte ihre Notizen nach besonderen Vorkommnissen.

Über mich schrieb sie, dass ich jetzt besser schlief und nicht mehr die anderen Kinder ignorierte. Der Doktor war zufrieden, wenn er hörte, dass ich jetzt sogar lachen würde, wenn ein anderes Kind mir eine Puppe oder einen Teddy zum Spielen brachte.

Jeden Tag kommt Krankenschwester Gertrud an mein Bett und gibt mir eine Spritze. Der Doktor sagt »Penicillinspritze«. Zuerst stellt die Schwester eine Schale auf meinen Nachttisch. Sie hält die Spritze nach oben gegen das Licht und drückt unten, bis oben ein Tröpfchen herauskommt. Ich liege ganz still auf dem Bauch. Es piekst schlimm, aber nur kurz. Ich mache keinen Mucks. Ich darf nicht weinen.

Schwester Gertrud legt mich wieder auf den Rücken. »Du bist aber ein tapferes Mädchen!«, sagt sie. Ich lächele sie stolz an, obwohl mein Po noch doll wehtut. Schwester Gertrud erzählt mir von den Tieren auf dem Bauernhof, wo sie wohnt. Dabei lacht sie und kneift mir in die Wange: »So, jetzt siehst du schon nicht mehr so blass aus.«

Wenn Schwester Gertrud fertig ist, kommt Fräulein Heidi. Sie ist so jung wie meine Tante Rosi und hat kurze braune Haare. Im Gesicht hat sie Sommersprossen. Auf ihrer Schürze sind bunte Blumen. Sie schiebt einen Besen vor sich her und trällert ein Lied: »Ein Männlein steht im Walde auf einem Bein«.

Ich denke an den Gartenzwerg mit der roten Zipfelmütze bei meiner Omi im Garten. Mit einem Tuch wischt das Fräulein Staub von meinem Nachtschränkchen. Mutti durfte ich früher immer dabei helfen. Lieber nicht an Mutti denken, sonst muss ich weinen. Meine Augen fallen wieder zu. Ich döse vor mich hin. Fräulein Heidi hat das Fenster aufgemacht. Es wird kühl im Zimmer. Ich atme die frische Luft ein.

Plötzlich bin ich hellwach. Ich höre Kinder, aber nur ganz weit weg. Jörgis Stimme?! Fräulein Heidi wischt den Boden mit einem Putzlappen. Sie tunkt den Lappen in einen Eimer. Es platscht, und Wassertropfen spritzen. Sie wringt den Lappen aus, wie Mutti unsere Wäsche. Sie schüttelt die Bettdecken wie Frau Holle im Bilderbuch. Ist Jörgi mit den Kindern im Spielzimmer oder draußen? Ich schlafe wieder ein bisschen, aber nicht fest.

Dann sehe ich Mutti. Sie hat einen beigen Sommermantel an. Sie hält mich fest. Sie gibt mir einen Kuss. Ihr hellblauer Schal legt sich ganz zart über uns. Ihr Gesicht ist feucht. Tante Rosi, Jörgi und ich rennen zum Zug. Omi packt unsere Koffer. Ich suche Mutti in der Wohnung in der Rheinstraße. Ich sehe Gesichter von fremden Kindern. Ich will Mutti rufen, ich will schreien, aber es kommt kein Ton. Hoffentlich kommt Jörgi bald. Der Tag ist so lang ...

In den ersten Wochen und Monaten war ich zu krank, um mit meinem Bruder und den anderen Kindern im Speisesaal zu essen. Jeden Morgen brachte Fräulein Heidi ein Tablett mit einer Schale Milchsuppe und schwimmenden Butterklößchen. Sie zog einen Stuhl ans Bett, lehnte sich über mich und schüttelte die Kissen, damit ich aufrecht sitzen konnte. Beim Essen passte sie auf, dass nichts auf die weiße Bettdecke kleckerte. Sie war sehr darauf bedacht, dass ich meinen Teller leer aß, auch wenn es mir schwerfiel. Ich konnte spüren, dass sie sich rührend, fast mütterlich um mich kümmerte – aber sie war nicht Mutti.

Zum Mittagessen stand auf dem Speiseplan des Sanatoriums immer eine warme Mahlzeit wie Hühnerragout mit Kartoffelbrei, Soße und gekochten Karotten und Erbsen als Beilage. Am Abend brachte Fräulein Heidi einen Teller mit einer Scheibe Brot, noch warm aus dem Ofen und dick bestrichen mit Butter und belegt mit Schweizer Käse oder Wurst.

Den Käse bezog die Küche aus einer nahen Sennerei. Die Fleischwaren lieferte täglich der Metzger aus dem Dorf, und die Ordensschwestern kochten die Marmelade aus Früchten des Klinikgartens. Das Gemüse kam ganz frisch vom Bauernhof am Hang hinter der Klinik. Obwohl alles gut angerichtet und schmackhaft war, hatte ich keinerlei Appetit. Mein Appetitmangel und Gewichtsverlust machte den Ärzten Sorge.

Oberschwester Maria war verantwortlich für unseren präzisen Tagesablauf. Krankenschwester Gertrud und Fräulein Heidi waren ihr untergeordnet. Sie mussten überall anfassen, wo es gerade nötig war. Sie sorgten dafür, dass wir Kinder jeden Tag sauber und ordentlich angezogen waren.

Die Kinder mussten alle gehorchen und sich in einer Reihe aufstellen, bevor sie in den Speisesaal geführt wurden. Keiner durfte aus der Reihe laufen.

Die Oberschwester wachte auch über Ruhe und Ordnung im Schlafsaal. Obwohl sie Fältchen um die Augen hatte und bestimmt schon etwas älter war, durchschritt sie mit langen flinken Schritten den Saal, wenn sie zwei Streithähne ermahnen musste. Sie hatte ihre Augen überall. Wir Kinder lernten schnell, dass Schwester Maria keine Widerrede duldete. Auch ich verstand es, immer brav und höflich zu sein. Ich sagte »bitte« und »danke«; das hatte ich schon früh von meinen Eltern gelernt.

Manchmal, wenn Schwester Maria nicht so beschäftigt war, las sie mir Geschichten wie »Rotkäppchen« vor. Das erinnerte ich mich daran, wie ich einmal selbst Rotkäppchen war:

Mutti zieht mir einen roten Mantel an und setzt mir eine rote Mütze auf den Kopf. Wir packen mein Körbchen voll. Erst ein Stück Marmorkuchen und eine Rolle Kekse, dann einen Apfel und eine kleine Flasche Eierlikör.

Es ist Sonntagnachmittag. Alles ist still. Jörgi, Mutti, Vati und ich gehen zu Fuß zu Omi und Uromi. Es ist ein langer Weg – durch die Stadt, dann die Hauptstraße entlang bis nach Pfiffligheim. Wenn ich müde werde, nimmt mich Vati Huckepack. Ein blauer Vogel hüpft von Ast zu Ast. Der Wind pfeift. Die Blätter rauschen. Mutti sagt, dass die Sonnenstrahlen so schön durch die hohen Pappeln auf die Allee fallen. Ich sage: »Guten Tag, liebe Sonne!« Dann stehe ich bei Omi an der Tür und darf klingeln. Ich gebe ihr den Korb wie ein großes Mädchen. »Hier, das ist für dich, liebe Omi.« Omi lacht und gibt mir einen Kuss auf die Wange.

Zuerst lag mein Bruder in einem anderen Trakt des weitläufigen Sanatoriums. Nachdem ich nicht aufgehört hatte, weinerlich nach ihm zu rufen, und Jörgi auch ständig nach mir gefragt hatte, traf der behandelnde Arzt eine weise Entscheidung. Am 30. Juli 1963 schrieb er an meine Eltern:

»Beide Kinder haben sich erfreulicherweise sehr gut eingelebt, nachdem wir sie zusammen auf einer Station untergebracht haben.«

Mein Bruder verbrachte den Nachmittag zusammen mit den anderen Kindern mit Spaziergängen und Spielen an der frischen Luft. Nach dem Abendessen, kurz vor dem Schlafengehen, durfte er zum Gutenachtsagen zu mir kommen. Er trug einen Schlafanzug mit roten, grünen und blauen Autos. Seine Wangen glühten noch von der Sonne.

Jörgi setzt sich auf einen Stuhl neben meinem Gitterbett. Er lässt seine Beine baumeln und guckt sich neugierig bei uns im Mädchenschlafsaal um. Er holt ein Bilderbuch und schlägt es auf. Er will aber nicht lesen. Er spricht lieber mit mir und erzählt Geschichten vom Kindergarten hier. Er flüstert ganz leise.

»Im Wald da ist ein großer Bach. Da habe ich einen Damm gebaut aus kleinen Zweigen.« Meine Augen werden groß. Ich will auch draußen spielen. »Ein doofer Junge hat ihn aber wieder kaputt gemacht.« Jörgi zieht seine Mundwinkel nach unten.

Ich bin traurig für Jörgi. »Das ist aber schade!«

»Ich mag die Kinder hier nicht«, sagt Jörgi und verzieht das Gesicht. »Die sprechen hier so komisch.«

Ich flüstere: »Ich auch nicht!«

Schwester Maria klopft Jörgi auf die Schulter. »Du musst jetzt gehen, kleiner Bursch'. Kerstin muss schlafen.«

Jörgi springt auf und sagt keinen Ton. Er ist genauso brav wie ich und läuft sofort zur Tür. Schwester Maria macht das Licht aus. Es ist nicht ganz dunkel. Durch das Fenster in der Tür fällt noch etwas Licht vom Flur. Aber Jörgi ist weg. Ich stecke meinen Daumen in den Mund, ziehe die Bettdecke über meinen Kopf und träume ...

Die Kindergartentante steht vor mir. Sie bastelt mit uns Later-
nen für den Sankt Martinsumzug. Jörgi hält mich an der Hand.
Wir singen »Laterne, Laterne, Sonne, Mond und Sterne«. Es ist
Abend und schon dunkel. Wir gehen mit unseren Laternen durch
die Stadt mit Vati und Mutti. Die Lichter schaukeln im Wind.
Zu Hause essen wir einen Weckmann mit weißer Pfeife und
Rosinenaugen ...

Das Kalenderblatt zeigte Juli. Die Temperaturen im Allgäu
waren angenehm warm und nur selten zu heiß. Jeden Tag nach
dem Mittagessen stand die Liegekur auf dem Plan. Zusätzlich
zur medizinischen Behandlung war sie ein wesentlicher Teil der
Gesamttherapie.

Das Klinikgebäude mit seinen balkonartigen Terrassen auf
zwei Stockwerken öffnete sich in einem Halbkreis nach Süden.
Die Höhenlage der Klinik, umgeben von dichten Tannenwäldern, schuf optimale Bedingungen für ein reizarmes Mittel-
gebirgsklima.

Schwester Maria und Fräulein Heidi öffneten die Glastüren
zu den Sonnenterrassen, schoben die Eisenbettchen auf ihren
knarrenden Rädern aus dem Schlafsaal nach draußen und stellten sie parallel zum Geländer in zwei Reihen auf.

Mit einem weißen Sonnenhütchen auf dem Kopf lag ich noch
sehr geschwächt ausgestreckt auf meinem Bett. Nur ein leichtes
Laken bedeckte meinen Körper.

Sonnenstrahlen lachten mich an. Meine kleine Welt entfaltete
sich in neuen Farben. Der blaue Himmel, die grünen Tannen,
die bunten Sonnenschirme am Geländer, und sogar die weißen Kutten der Schwestern leuchteten ganz besonders und intensiv. Ab und zu spürte ich einen leichten Windhauch, hörte

das Zwitschern einer Meise oder aus der Ferne das Muhen der Kühe und das sanfte Bimmeln ihrer Glocken. Von uns verlangten die Schwestern absolute Ruhe, um jegliche Aufregung zu vermeiden. Anfangs freute ich mich auf die Liegekuren. Doch bald wurden sie mir zur Qual. Mein natürlicher Tatendrang war strikt unterbunden. Ich musste flach liegen, fast bewegungslos, stundenlang, wochenlang.

Es ist still hier. Das ganze Schloss schläft wie bei Dornröschen. Mir ist so langweilig. Ich will mit Jörgi im Wald spielen, mit jemandem sprechen, überhaupt einfach irgendetwas tun. Neben mir liegen große Kinder, die haben ihre Bücher mitgebracht. Ich will auch schon lesen können wie sie. Warum hat mir die Schwester nicht wenigstens ein Bilderbuch gegeben? Sie sagt immer, dass ich mich »ausruhen« soll, wenn ich sie danach frage.
Vor mir liegt ein Mädchen mit einem kleinen schwarzen Transistorradio auf ihrem Kissen. Ihr Gesicht ist ganz nahe dran, und ich kann nicht mithören. Ich kann nur in den Himmel schauen. Die Wolken sehen aus wie Wattebällchen oder Zuckerwatte vom Jahrmarkt. Der Wind pustet, und dann wird das Wattebällchen ein Hase. Und da drüben sind ein paar Bären ... nein! jetzt sehen sie aus wie Pinguine. Ein ganzer Zoo! Ein Bilderbuch voll mit weißen Tieren! Ein Hase hoppelt einem anderen hinterher. Der böse Hase hat seine Karotten geklaut. Eine Bärenmama hebt ihre Tatze hoch. Sie passt auf, dass den kleinen Bären nichts passiert. Da kommt ein Windstoß und bläst die Wolken weg ... und wieder kommt eine ... ganz langsam wird aus der Wolke ein weißes Kleid. Dann wächst noch ein kleiner Kopf und dann auch zwei Flügel. Es ist ein Schutzengel!
Jetzt bin ich nicht mehr alleine.

So fand ich meine ganz eigene Weise, mich zu unterhalten. Ich entwickelte schon früh Fantasie und Kreativität. Der blaue Himmel war meine Leinwand. Ich schaute mich um. Das Mädchen mit dem Transistorradio schlief jetzt. Hinter mir flüsterte jemand. Schwester Maria hatte Ohren wie ein Luchs und mahnte: »Wenn ihr zu laut seid, dürft ihr später nicht ›Mensch ärgere dich nicht‹ spielen.«

Endlich verschwand die Sonne langsam hinter den Tannen. Ihre Schatten lagen wie schwarze Tücher auf dem Waldboden. Mit dem ersten kühlen Luftzug wurden die Betten ins Zimmer geschoben und wieder ordentlich an der Wand aufgereiht.

Um den Eltern die Trennung von den Kindern zu erleichtern, schrieben die Schwestern ihnen kurze, aber warmherzige Briefe und Postkarten. Eine Karte, die Schwester Maria dann meiner Mutter schickte, zeigte die Klinik aus der Vogelperspektive. Ich betrachtete mir das Bild und …

… jetzt bin ich ein großer Vogel mit braunen Federn. Ich schwebe hoch in der Luft über der Klinik. Mit meinen scharfen Augen schaue ich auf das Haus hinunter. Ob ich da wohl meine Mutti finde? Ich sehe aber nur Bäume, die so klein und grün sind wie die Bäume auf Jörgis Eisenbahnanlage zu Hause.

Schwester Maria zeigt mir, wo sie ein kleines Kreuz gemacht hat. »Dort ist unsere Terrasse und unser Zimmer. Dann weiß deine Mutti, wo du schläfst.« Ich denke an das Kreuz im Schlafsaal über der Tür. Wenn die Schwester daran vorbeigeht, faltet sie ihre Hände und sagt: »Ich bete für euch alle, damit ihr bald gesund werdet.«

Vielleicht betet Mutti auch für mich? Mein Kopf dreht sich wie von alleine zum Fenster, und ich schaue hoch zum Himmel.

Vielleicht ist der Schutzengel zurückgekommen? Der Himmel ist aber nur blau. Die Vorhänge wehen leicht im Wind, hin und her, wie die Segel auf einem Schiff.
»Wo ist Mutti?«, frage ich Schwester Maria. Meine Mundwinkel zittern. »Deine Mutti erholt sich wie du in ihrer Klinik. Sie ist im Schwarzwald.«
Ich kann mir »Schwarzwald« gar nicht vorstellen. Für mich ist der Wald grün. Ich habe ein bisschen Angst um meine Mutti.

Müde ließ ich mich auf mein weißes Eisenbettchen fallen. Über mir an der Zimmerdecke zeichnete sich quer eine dunkle, dünne Zickzack-Linie ab. Der Riss wurde immer länger und verwandelte sich in die Zacken der Bergwelt an klaren Tagen. Meine Gedanken kreisten wieder …

Wie sieht Mutti jetzt aus? Hat sie noch graue Augen? Wenn sie lacht, kommen ihr die Tränen. Wenn ich müde bin, krabbele ich in ihre Arme. Muttis Hände sind weich und warm.

Doch meine Mutter und mein Zuhause waren unerreichbar weit weg – wie in weißem Nebel. Meine Hände unter der Bettdecke waren eiskalt. Ich machte kleine Fäuste und öffnete sie – immer wieder, immer wieder, damit sie sich ein bisschen erwärmten. Meine Augen wanderten an der schneeweißen Wand entlang. Ich suchte wieder etwas, aber ich wusste nicht was. War es ein Bild meiner Mutter? Das Fenster stand offen. Die Rosen vom Garten rochen so süß wie meine Mutter.

.

Kapitel 4: Abschied

Mitte August verzeichneten die Ärzte eine leichte, aber stabile Besserung meiner Lungenwerte. Nach drei Monaten strenger Bettruhe durfte ich das erste Mal wieder richtig aufstehen. Mein Körper war geschwächt von den langen Liegekuren auf der Terrasse und den vielen Beruhigungs- und Heilmedikamenten. Erstaunlich schnell stellte ich mich jedoch um auf die neue, so lange herbeigesehnte Situation.

»Komm, Kerstin, zieh dein Kleidchen an. Du darfst heute drau-ßen spielen. Der Doktor hat es dir erlaubt.«
Fräulein Heidi steht mit meinem hellblauen Kleid auf dem Arm vor meinem Bettchen. Ich klatsche in die Hände vor Freude und rutsche aus meinem Bett auf den Fußboden runter. Der Boden prickelt kalt unter meinen nackten Füßen. »Suchen wir jetzt Jörgi?« Ich fummele an den Knöpfen von meiner Schlafanzug-jacke.
»Natürlich, wir gehen zu Jörgi und den anderen Kindern, und dann kannst du mit ihnen spielen!« Fräulein Heidi hilft mir mit den Knöpfen und zieht mir Söckchen an.
»Jetzt nimm deine Arme hoch, damit ich dir das Kleidchen noch über den Kopf ziehen kann, und dann nichts wie raus an die frische Luft.«
Fräulein Heidi summt ein Lied und nimmt meine Hand. Im Takt hüpfen wir zusammen die Treppe runter.

Die Sonne scheint ganz grell. Ich muss blinzeln. Alles ist grün und blau. Die Sonne macht meine Wangen ganz heiß. Und es riecht so gut nach Bäumen und Blumen. Ein gelber Schmetterling flattert vor mir herum. Er sagt mir »Guten Tag, liebe Kerstin«. Ich kann atmen! Und es tut nicht weh!

Ich will über die Wiese rennen, aber Fräulein Heidi hält mich fest an der Hand. Meine Beine sind noch ganz wackelig. Ich stakse über den Rasen – Mutti hat gesagt, dass das Fohlen so machen. Das Gras unter meinen Sandalen ist weich wie ein Teppich.

Weit hinten am Wald sitzen Kinder im Kreis zusammen. Ein kleiner Junge steht auf und winkt uns. Seine Hand weht wie eine weiße Fahne im Wind. Er hat kurze Lederhosen an und ein blau-rot gestreiftes Hemd. Es ist Jörgi! Ich freue mich so, dass ich fast weinen muss. Mein Herz will platzen.

»Kerstin, Kerstin! Wir spielen ›Der Fuchs geht rum‹.«

Er zieht mich in den Kreis. Ich setzte mich neben ihn im Schneidersitz auf die Decke und schaue mich vorsichtig um. Die anderen Kinder kenne ich nicht. Sie lachen und singen alle. Ich will nur bei Jörgi sitzen.

Jemand klopft mir auf die Schulter, aber ich kann nicht schnell genug aufstehen. Jörgi rennt für mich im Kreis herum, bis er gefangen wird. Zwei Mädchen springen an uns vorbei.

Schwester Maria sagt: »Kinder, ihr könnt im Wald weiterspielen. Da weht eine kühle Brise.«

Sie wischt sich den Schweiß aus der Stirn und schwingt ihren Arm nach vorne. »Dort dürft ihr bis zum Mittagessen bleiben.«

Meinen Bruder hatte die Ordensschwester ermahnt, gut auf mich aufzupassen, weil ich noch sehr schwach wäre. Der fürsorgliche Jörgi nahm das sehr ernst. Anstatt zu rennen, führte er mich langsam über den dick mit Tannennadeln bedeckten Waldweg. Doch schon bald hatten wir die Worte der Schwester vergessen und gaben uns ganz dem sorglosen Tag hin. Peter, ein etwas älterer Spielfreund meines Bruders, kam oft mit uns. Der Waldboden war mit dichtem Farn bedeckt. Die Pflanzen überragten uns Kinder.

Staunend schaute ich mich um: Das Grün der Pflanzen war so satt, die Tannennadeln dufteten so intensiv.

Von der Monotonie und dem sterilen Geruch des weißen Schlafsaals und dem Zwang, tagein und tagaus im Bett liegen zu müssen – hinaus in die pralle Natur. Ich tauchte ein in einen magischen Märchenwald. Die Realität der Tannen vermischte sich mit meiner Fantasie, in der sich Gnome und Feen tummelten.

Die beiden Jungen hatten andere Spiele im Sinn.

Peter zieht einen Büschel Farnpflanzen aus der Erde. Dreckklümpchen hängen noch an ihren Wurzeln. »Guckt mal, die können wir zusammenbinden und dann Indianer spielen.« Er nimmt zwei Farnpflanzen, schwingt sie durch die Luft und bindet sie zusammen, indem er ihre Enden verknotet.

»Komm her, Kerstin. Ich binde sie dir um den Bauch, und dann siehst du aus wie eine Indianerfrau«, sagt Peter.

Ich stehe in meinem neuen grünen Rock und sehe, wie Jörgi sich jetzt auch ein Indianerkostüm aus den Pflanzen bastelt. Dann formt Peter aus Farn eine Krone und bricht noch einen Wedel ab. »Den können wir als Feder benutzen.« Er jauchzt und setzt mir meinen Kopfschmuck auf. Die Jungen laufen tiefer in den Wald hinein und rufen: »Die Indianer kommen!« Dabei jaulen sie mit ihren Händen vor dem Mund. Ich komme kaum hinterher.

Meine Beine werden aber immer leichter. Jetzt bin ich gar nicht mehr so müde. Das Licht fällt durch die Zweige und macht helle Streifen auf den Waldboden. Ich bin glücklich. Schwester Maria ruft uns zum Mittagessen. Ich will aber hierbleiben. Sie runzelt die Stirn, als sie uns sieht. »Ihr seid ja ganz schmutzig. Macht das grüne Zeug weg.« Dann guckt sie aber wieder freundlich und klopft mich ab, bis ich sauber bin.

Fräulein Heidi trägt mich Huckepack zur Klinik. Ich halte mich an ihrem Hals fest und lege meinen Kopf auf ihre Schulter. Bei jedem Schritt werde ich hin- und hergewiegt. Meine Augen fallen zu. Mir ist wohlig und warm. Ich freue mich fast ein bisschen aufs Schlafen nach dem Mittagessen.

Von diesem Tag an durfte ich jeden Morgen mit meinem Bruder und den anderen Kindern an der frischen Luft spielen. Jeden Tag verbesserte sich meine Kondition ein wenig. Meine Beine wurden stärker, und ich konnte bei fast allen Spielen mithalten. Immer wieder dachten wir uns neue Indianerspiele aus. Peter wurde unser Häuptling, und wir strichen mit ihm durch den Wald oder galoppierten auf unseren Stöcken, die unsere Ponys waren. Aus Ästen und Blättern machten wir uns ein Lagerfeuer, und im Farn versteckten wir uns vor Feinden.

Schwester Maria und Fräulein Heidi saßen oft auf der Bank neben einem Bächlein, an dem Glockenblumen und Büsche mit Blaubeeren wuchsen. Ein Kirschbaum verbreitete etwas Schatten. Wenn Schwester Maria in der Sommerhitze schläfrig wurde, war es gut, dass Fräulein Heidi wachsam war. Sie hatte uns Kindern eingeschärft, in ihrer Reichweite zu bleiben.

Wenn sie das eine oder andere Kind aus den Augen verlor, rannte sie flink hinterher. Ab und zu musste ich mich beim

Spielen immer noch auf einen Baumstumpf setzen oder ich kletterte müde neben sie auf die Bank. Von dort aus betrachtete ich die Kinder von Weitem. Jörgi ließ ich dabei nie aus den Augen.

An Schwester Marias Kutte hing ein silbernes Kreuz an einer langen Holzperlenkette. Von Zeit zu Zeit fasste sie die Perlen an und murmelte ein Gebet vor sich hin. Ich konnte nicht genau verstehen, was sie sagte, musste aber gemerkt haben, dass es ihr heilig war, denn die Schwester wurde ganz still und schloss dabei die Augen. Auf mich wirkte ihr Ritual beruhigend, besonders, wenn ich mich nicht so wohl fühlte. Mein Gesundheitszustand hatte sich verbessert, aber ich war noch lange nicht geheilt.

An einem Tag hing die Luft ungewöhnlich schwül und drückend über uns. Auf dem Weg zurück zur Klinik erfasste uns ein erfrischend kühler Lufthauch. Der Himmel verdunkelte sich schnell, und wir hörten Grollen und Poltern in der Ferne.

Dann knallte es plötzlich heftig. Ich erschrak, mein Körper zuckte zusammen, als ob ein Blitz durch mich gefahren wäre. Ich hatte große Angst vor dem Donner.

Schwester Maria raffte ihren Rock hoch, sodass die Schnallen ihrer schwarzen Ledersandalen unter der weißen Kutte blitzten. Sie rief uns Kinder zusammen: »Kommt schnell! Ein Gewitter zieht auf.«

Kurz vor der Eingangstür fielen schon die Tropfen auf unsere Nasen. »Das haben wir gerade noch geschafft«, rief Schwester Maria und trieb uns wie eine Herde in die Halle. Innen roch es nach blank polierten Böden und Putzmittel – so stark, dass ich mir die Nase zuhalten musste. Doch ich war froh, dass wir im Trockenen saßen, geschützt von dem ohrenbetäubenden Krach des Gewitters. Draußen wütete bald ein Sturm, der den Regen gegen die Fensterscheiben peitschte.

Der Sommer zog gemächlich dahin. Ende August nahmen die Gewitterstürme zu. Über Nacht waren die Temperaturen im Voralpenland stark gefallen. Der Wind ließ uns frösteln.

Eines Morgens wachte ich auf und schaute mich um, zog meine Bettdecke aber schnell wieder über den Kopf, als ich merkte, wie kalt es war.

»Kerstin, es ist Zeit zum Aufstehen!« Jörgi rüttelt mich am Arm und zieht mir die Bettdecke weg. Meine Augen sind vom Sandmännchen verklebt. Ich strecke mich, weil meine Beine ganz steif sind. Verschlafen blinzele ich Jörgi an. Er ist schon angezogen! Er hat seine braune lange Hose an, das weiße Hemd und die blaue Wolljacke, die Omi ihm gestrickt hat.

Irgendwie klingt seine Stimme anders als sonst. Ich setze mich auf, reibe mir die Augen und gähne laut: »Was ist los?«

Warum trägt Jörgi denn nicht seine Lederhosen zum Spielen?

»Heute kommt …«, stammelt Jörgi. Er redet nicht weiter und zupft nur noch Wollfusseln von seiner Jacke.

Ich ziehe meinen Schlafanzug aus, falte ihn zusammen und lege ihn auf den Stuhl neben meinem Bett. Mir ist kalt in meiner Unterwäsche. Ich bekomme am ganzen Körper Gänsehaut. Ich will laut schreien. Aber ich sage nur weinerlich:

»Fräulein Heidi, kann ich bitte heute mein rosa Sonntagskleid anziehen?«

Ich möchte auch so fein aussehen wie Jörgi. Heute ist vielleicht ein besonderer Tag?

Fräulein Heidi legt ihre Hand auf meine nackte Schulter und zieht mir tatsächlich das rosa Kleidchen und eine Strickjacke an.

Jetzt freue ich mich. Ich darf bestimmt mit Jörgi gehen. Aber wohin?

Fräulein Heidi hebt mich auf mein Bett und setzt sich daneben. Ich will vom Bett springen. Doch sie hält mich am Arm fest und schaut mich mit zwei Falten auf der Stirn an. Ist sie jetzt böse auf mich? Warum?

Sie streichelt aber meine Wange und sagt: »Dein Vater kommt heute.«

Bevor ich den Mund aufmachen kann, ist sie schon wieder aufgestanden. Sie muss sich um ein Mädchen kümmern, das weint, weil es seine Puppe verloren hat.

Im Speisesaal stocherte mein Bruder in seinem Haferflockenbrei herum. Ich kaute auf meinem Butterbrot und schaute wie gebannt auf die Tür. Die Schwestern von der Küche hatten viel zu tun und gingen ständig hin und her. Sie trugen blaue Schürzen über ihren weißen Kleidern. Eine junge Schwester schob einen silberfarbenen Essenswagen mit einem Turm aus Tellern vor sich her. Ein kleinerer Tassenturm stand daneben. Als sie mit dem Wagen um die Ecke fegte, wackelte alles. Aus der Küche klang laut das Geklapper von Töpfen und Geschirr. Das Getöse machte mich ein bisschen schwindelig, und mir wurde fast schlecht. Jörgi rutschte auf der Bank hin und her. Er stieß mit seinem Ellbogen gegen einen Jungen und kippte beinahe eine Tasse um.

Eine Schwester ging eben an uns vorbei. Sie knurrte: »Junge! Pass doch auf!«

Jörgis Mundwinkel zuckten, schnell verbarg er sein Gesicht hinter den Händen und aß dann rasch seinen Haferflockenbrei auf. Plötzlich erschien Schwester Maria neben uns. Sie strich ein paar Krümel von meinem Kleidchen und von Jörgis Pullover. Dann ging alles ganz schnell …

Ich sehe Vati nur ganz kurz. Er gibt mir ein kleines Püppchen mit blonden Rattenschwänzchen, einem roten Röckchen und weißem Pullover. Es ist ein Geschenk von Mutti. »Püppi, du musst jetzt ganz tapfer sein!«, sagt Vati. Schwester Maria hat Jörgis Koffer in der Hand. Jörgi will meine Hand nicht loslassen. Ich halte ihn auch fest.
Vati hebt mich hoch und reicht mich an die Schwester weiter. Er nimmt Jörgis Koffer in die eine Hand und Jörgis Hand in die andere. Mein Püppchen fällt auf den Boden. Jörgi gibt es mir. Schwester Maria hält mich fest. Ich will schreien und mit den Beinen strampeln. Ich tue nichts.

Mit letzter Kraft hob ich meinen Kopf und sah mit Tränen-augen, wie Jörgi sich noch einmal kurz umdrehte. Sein Gesicht war schmerzhaft verzogen. Mit hilflosem Entsetzen schaute er mich an. Dann ein lauter Ruck, die Tür fiel ins Schloss.
Sie waren weg.
Von nun an lebte ich, das dreieinhalbjährige Mädchen – alleine und nur in mir selbst –, in einer abgeschiedenen Welt. Wenn ich zu traurig wurde, gab mir Schwester Maria ihren Rosen-kranz in die Hand. Die Perlen glitten durch meine Finger wie Seide.

Kapitel 5: Herbst

»Das fallende Blatt machte mich traurig. Ich weinte mit ihm«

Ich stehe nachts alleine im Nachthemd vor der Klinik. Der Wind schüttelt die Bäume. Der Mond ist rund und leuchtet gelb. Ich höre eine Kuhglocke. Die pfeift laut und schrill. Sie kommt immer näher. Eine schwarze Lokomotive rast auf mich zu. Ich springe auf die Seite und wedele mit meinen Armen. Jörgi sitzt am Fenster und winkt mir zu. Ich will zu ihm. Die Eisenbahn soll anhalten, damit ich einsteigen kann. Ich muss rennen, aber ich bekomme kaum Luft. Ich kann nicht richtig atmen. Die Bahn ist schneller als ich. Jetzt ist sie schon im Wald verschwunden. Der Wind ist eiskalt auf meinem Gesicht. Ich friere. Warum macht niemand ein Feuer für mich? Ich weine Kristalltränen. Die sind kalt und hart und blitzen im Mondlicht. Ich bin das Sterntalermädchen. Die Tränchen fange ich mit meinem Nachthemd auf, bis es schwer wird und überläuft. Die Kristalltropfen fallen auf den Boden. Sie werden zu kleinen blauen Blümchen. Ich will einen Blumenstrauß für Mutti pflücken. Die Blümchen sind weg, nur noch braune Erde ...

Ich sitze kerzengrade im Bett. Mein Herz klopft von dem bösen Traum. Meine Bettdecke hängt schief. Ich habe immer noch Angst vor der großen Eisenbahn und will zu Jörgi ins Bett krabbeln. Ich sage ganz leise: »Jörgi.«
Kein Piep. Vielleicht hört er mich nicht? Ich rufe: »Jörgi, Jörgi!«
Warum kann er mich immer noch nicht hören? Ich springe

aus meinem Bett und will ihn wachrütteln. Es ist dunkel. Ich schüttele ein Kopfkissen und taste die Bettdecke ab. Das Mädchen neben mir fängt an zu weinen. Ich tapse weiter im Dunkeln und suche unter meinem Bett. Meine Hände streichen über den Boden. Nichts! Er ist nicht da! Was soll ich jetzt tun? Weglaufen und ihn suchen?

Schwester Maria legt ihre Hand auf meinen Arm und zieht mich hoch.

»Kerstin, was machst du hier mitten in der Nacht?«, sagt sie und schüttelt mit dem Kopf. »Du bist ja ganz durcheinander! Geh schnell wieder ins Bett!«

»Wo ist Jörgi?«, frage ich schluchzend und stampfe mit dem Fuß auf den Boden.

»Nicht so laut! Du weckst die anderen Kinder auf!«, erwidert Schwester Maria streng und hebt mich auf mein Bettchen. Mein Mund ist wie zugeschnürt.

»Du bist ein liebes Mädchen!«, flüstert Schwester Maria leise. »Jörgi wurde von deinem Vater gestern abgeholt.« Dabei streicht sie meine Bettdecke glatt.

»Hier, damit du besser schlafen kannst!«, sagt sie leise und gibt mir das winzige Püppchen.

Ich wiege mich hin und her, erst langsam und dann schneller, so schnell wie die Eisenbahn …

Wie jeden Morgen hatte Fräulein Heidi alle Hände voll zu tun. Noch im Halbschlaf nahm ich die Geräusche der Kinder, ihr Plappern und Herumhüpfen, nur gedämpft wahr. Wie von Weitem hörte ich Fräulein Heidis Stimme. Noch immer rührte ich mich nicht, lag apathisch in meinem Bett.

Besorgt, dass ich krank sei, legte Fräulein Heidi ihre Hand auf meine Stirn. Mein Kopf war kalt. Sie rüttelte mich leicht an der Schulter, streichelte über mein Haar. Nur sehr langsam kam ich zur Besinnung. Die sonst so einfühlsame Fräulein Heidi wurde ungeduldig. Sie ließ nicht locker. »Nun geh schon!« Sie knöpfte meine Strickjacke zu. »Du musst essen, damit du auch bald nach Hause fahren kannst.«

Jetzt war ich hellwach und wurde bockig. Warum sollte ich ihr glauben? Mein Magen hatte sich wieder zusammengezogen. Trotz meiner brodelnden Aufmüpfigkeit gehorchte ich sofort. Fräulein Heidi zog mich den Flur entlang. Ich warf einen kurzen Blick in den Schlafsaal meines Bruders. Die Gitterbettchen standen an der Wand. Bettdecken waren aufgewühlt, und Kopfkissen lagen durcheinander – wie kleine, schneebedeckte Berge. Jörgi war nirgendwo zu sehen.

Schwester Maria stand mit der Gruppe am Treppengeländer. »Wegen dir kommen wir heute zu spät.« Ihre Stimme war kalt. Meine Wangen glühten. Beschämt senkte ich meinen Kopf und folgte in den Speisesaal. Schweigend würgte ich meinen Haferflockenbrei hinunter.

Später, als wir in den Wald gingen, wollte Peter wieder wie vorher Indianer spielen. Aber ohne meinen Bruder war meine Freude verflogen. Bedrückt versuchte ich, meine Gedanken an ihn wegzuschieben. Aber alles erinnerte mich hier an ihn. Ich malte lustlos mit einem Stöckchen im Sand herum. Peter war enttäuscht.

»Du bist ja langweilig!« Peter murrt und rennt mit anderen Kindern in den Wald.
Ich setze mich auf den Waldboden und schaue in die Luft. Heute ist der Himmel grau. Es gibt keine Schutzengelwolken. Eine

Ameise krabbelt an mir vorbei. Sie schiebt eine schwere Tannennadel vor sich her. Sie verschwindet im Farnpflanzenwald. Plötzlich wimmelt es überall von Ameisen. Sie haben schwarze Köpfe. Bin ich auch schwarz angemalt? Warum darf Jörgi nach Hause fahren und ich nicht? Habe ich wieder etwas angestellt?

Die Ameisen stecken sich was in den Mund vom Boden, so wie ich den Kaugummi damals beim Spielen in Worms. Bin ich deshalb krank geworden? Habe ich Mutti krank gemacht?!

Jetzt ist Mutti weg. Und Jörgi ist weg. Alle sind weg. Vati, Tante Rosi und Omi auch. Ich bin die böse Kerstin. Meine Haut kribbelt. Ich schüttele mich und laufe durch den Wald, irgendwohin.

Schwester Maria kommt mir entgegen. Sie trägt eine dicke, schwarze Strickjacke über ihrer Kutte, so heißt ihr Kleid, und reibt sich die Hände. Sie schnuppert an der Luft wie ein kleiner Hase. »Oh, der Herbst ist schon im Anmarsch.« Damit uns warm wird, sollen wir ein Lied singen. »Das Wandern ist des Müllers Lust, das Wandern ist des Müllers Lust, das Waaaaandern …!«

Ich singe gerne und vergesse Jörgi ein bisschen. Ein Mädchen mit langen Zöpfen tanzt aus der Reihe. Es greift nach meiner Hand und zieht mich mit. Zusammen hüpfen wir hinter Schwester Marias Rücken im Takt über die Wiese. Ich kann fast wieder lachen. Auf dem Kiesweg hebe ich ein verknittertes Blatt auf.

Wegen der strengen Hygienevorschriften durften wir aus dem Wald nichts mit ins Haus bringen. Kurz vor dem Eingang legte ich das gelblich verwelkte Birkenblatt behutsam auf die Mauer. Von einem Windstoß erfasst, schwebte es auf und ab und über den Rasen davon.

Bald würden die Laubbäume ganz kahl sein.

Das fallende Blatt machte mich traurig. Ich weinte mit ihm.

Am siebten November habe ich Geburtstag. Fräulein Heidi
schiebt einen Stuhl mitten in das Zimmer. Rosa- und lilafarbene
Papierschlangen hängen an der Seite. Ich darf mich, mit meinem
Geschenkpäckchen im Arm, darauf setzen. Die Kinder stellen
sich im Kreis um mich herum. Sie haben noch ihren Schlafanzug
an. Ihre Haare sehen aus wie die vom Struwwelpeter. Schwester
Maria zündet die vier Kerzen an. Sie stehen in einem roten Holz-
kranz. Er ist mit blauen und weißen Blümchen bemalt.

Mit der Hand macht die Schwester ein Kreuz auf ihre Brust
und sagt: »Möge der liebe Gott Kerstin ihr ganzes Leben lang
beschützen.«

Ich bin nicht alleine. Der Mann im Himmel mit dem langen Bart
passt immer gut auf mich auf. Um ihn herum flattern viele Eng-
lein, die ihm dabei helfen.

Die Kinder singen »Zum Geburtstag viel Glück« und klatschen
in die Hände. Ich darf die Kerzen ausblasen und wünsche mir
dabei heimlich: Jörgi soll wieder zurückkommen!

Ich reiße das Packpapier auf und das bunte Geschenkpapier weg.

Zum Vorschein kam eine Holzwiege mit Zwillingspüppchen.
Sie schauten lustig und frech unter einer rosa Decke hervor,
die mit einem Satinband eingefasst war. Beide trugen rote
Kleider mit weißen Punkten. Ich war verzückt. Ein Kärtchen
lag dabei. Schwester Maria las es mir vor. Neben den lieben
Grüßen schrieb meine Mutter, dass mein Vater die Wiege selbst
geschnitzt hätte und dass die Zwillingspüppchen mir Gesellschaft leisten sollten.

Fräulein Heidi und Schwester Maria begutachteten mein
Geschenk. Es gefiel ihnen. Stolz zeigte ich es vor. Dass ich im
Mittelpunkt stand, störte mich heute nicht. Kurz darauf kam

schon die Visite, und ich wurde von einer Ärztin mit langen blonden Haaren und sanften Augen untersucht.

Ich sehe meine Mutti, aber nur ganz kurz, dann ist sie wieder weg. Die Frau Doktor streichelt meine Hand und sagt: »Alles Gute zum Geburtstag, meine kleine Süße.« Sie geht aber schon an das nächste Bett. Ich möchte, dass sie bei mir bleibt. Sie ist nett zu mir.

Wie sehr ich mich an meinem Geburtstag nach meiner Mutter gesehnt haben musste! Mein Geburtstagsstuhl mit den Papiergirlanden stand in der Ecke. Die Zwillingspüppchen schauten mich mit ihren Klimperaugen mit den schwarzen Wimpern an. Später, auf dem Weg zum Bastelzimmer, blieb ich in der Eingangshalle abrupt stehen. Nur ein paar Schritte vor mir stand ein Junge mit blonden Haaren und braunen Cordhosen.

Mein Herz klopft vor Aufregung. Hat sich mein Wunsch erfüllt? Ist Jörgi zurückgekommen? Ich will zu ihm laufen. Der Junge dreht sich um. Aber das ist ja gar nicht Jörgi?!
Fräulein Heidi fragt mich: »Warum bist du denn auf einmal so enttäuscht?«
Ich bin still und versuche ganz stark zu lächeln.
»Nachher gibt es Geburtstagskuchen, und dann basteln und malen wir«, sagt sie aufmunternd.
Den Nachmittag über regnet es in Strömen. Ich denke an den Sommer und unser Indianerspiel.
Jörgi ist weg. Er kommt nicht zurück.

Kapitel 6: Überraschung

»Hier herrschte jetzt die Stille einer
schwebenden Zeitlosigkeit«

Ich bin die Eisprinzessin. Ich sitze auf einer Kutsche, die von weißen Pferden gezogen wird. Wir rasen durch den Märchenwald hinauf auf den Zauberberg. Dort oben thront ein Schloss aus Glas. Der König und die Königin empfangen mich zu einem köstlichen Mahl. Sie laden auch eine gute Fee ein. Sie zaubert alle meine Wünsche herbei: eine neue Puppe, eine beste Freundin, einen kleinen Hund. Ich nenne ihn Waldi. Das größte Geschenk ist meine Mutti.

Eine Küchenschwester kommt und gibt mir heiße Schokolade und ein Butterplätzchen, einen Engel mit einem rosa Zuckergusskleidchen.

»Hier ist noch ein Betthupferl für dich!«, sagt sie und lächelt nett und wischt mit einem Tuch die Krümel vom Tisch.

Die Glocken in der Kapelle riefen zum Abendgebet. Eine Schar von Schwestern flatterte an uns vorbei. Ihre Kutten knisterten. Ihre Flügelhauben bewegten sich auf und ab, als sie, eng zusammengedrängt, miteinander tuschelten und kicherten. In der Hand hielten sie schwarze Gebetbücher, die mit einem goldenen Kreuz verziert waren. Später hallte ihr Gesang durch die Gänge.

Die Weihnachtsvorbereitungen waren bald in vollem Gange. Im Speisesaal standen die Schwestern an einem Tisch, den sie mit

Zeitungen belegt hatten. Darauf lagen Berge von Tannenzweigen, aus denen sie Gestecke bastelten. Auf jedem grünen Kranz stand eine rote Kerze, verziert mit einem selbstgemachten Strohstern.

Der Hausmeister und ein Arzt wuchteten den Tannenbaum durch die Tür, hievten ihn in einen Eisenbehälter und schoben ihn stöhnend in eine Nische vor dem Treppenaufgang. Schneeklümpchen fielen von den Ästen. Eine Schwester wischte mit einem Feudel hinterher. Die Baumkrone reichte vom Parterre bis in den zweiten Stock. Frischer Tannenduft vermischte sich mit dem sterilen Klinikgeruch.

Die Arme über den Bauch gekreuzt, begutachtete der Hausmeister den Baum. Zufrieden verkündete er: »Das ist der schönste Baum, den wir im Wald finden konnten!« Er schüttelte den Baum, bis er gerade stand. Die Schwestern sammelten ihre Schützlinge ein. Es war Zeit zum Schlafengehen.

Schwester Maria bringt uns die Treppe hoch. Im Schlafsaal ist es eiskalt. Wir ziehen uns ganz schnell die Schlafanzüge an und klettern ins Bett. Ich kuschele mich ein und zappele mit meinen Beinen, bis sie warm werden. »Ein weiterer Temperatursturz steht uns bevor«, sagt Schwester Maria, und Fräulein Heidi teilt kratzige Wolldecken aus.

»Heute lese ich euch die Geschichte von dem Baby Moses vor«, sagt Schwester Maria und setzt sich auf einen Stuhl mitten im Schlafsaal. Das machen wir jeden Abend so. Sie liest uns aus der Kinderbibel vor. Ich mag die Geschichte. Meine Mutti musste mich auch weggeben.

Ich bin das Baby, das in dem Körbchen den Fluss hinunter treibt. Es ist warm. Im hohen Gras steht eine hübsche Prinzessin. Sie

*nimmt mich in den Arm. Meine große Schwester kommt und
holt meine Mutti. Mutti bringt mich nach Hause und erzählt mir
viele Geschichten und spielt mit mir ...*

*Schwester Maria spricht das Abendgebet mit uns. Ich falte meine
Hände und beuge meinen Kopf: »Lieber Gott, mach mich fromm,
dass ich in den Himmel komm.« Fräulein Heidi singt mit uns
»Weißt du, wie viel Sternlein stehen an dem blauen Himmelszelt?«
Danach schaltet sie das Licht aus. Ich will gleich einschlafen, aber
der Wind pfeift und braust um das Haus. Die Äste krachen unter
dem Schnee. Ich fühle mich geborgen – wie Baby Moses.*

Am nächsten Morgen, es war der 21. Dezember 1963, stand ich
auf Zehenspitzen am Fenster. Ein klarer blauer Himmel und
die schneebedeckten Tannen blendeten mich. Lange Eiszapfen
hingen vom Fenster und glitzerten in der Morgensonne. In der
Ferne zeichnete sich die zerklüftete Bergkette ab.

Schwester Maria alarmierte uns schon gleich beim Aufstehen:
»Kinder, steht schnell auf! Heute kommt der Fotograf – und
einige Eltern kommen bald zu Besuch. Alles muss sauber sein!«
Sie zog mir mein rotes Strickkleidchen mit den gestickten
Blümchen unter dem Kragen an. Es ging mir gerade über den
Po. Meine weiße Strumpfhose war auch schon etwas zu klein,
der Zwickel spannte zwischen den Beinen.

Einige von uns hüpften den Flur entlang, andere summten Weihnachtslieder. Wir rannten die Treppe flink hinunter und ver-
sammelten uns in der Eingangshalle vor dem stockwerkhohen
Tannenbaum. Er war akkurat und wunderschön geschmückt:
weiße Kerzen in silbernen Tannenzapfen-Kerzenhaltern und
silbernes Lametta, das wie Eiszapfen an den Zweigen glänzte.
Weiße Glitzersterne baumelten an Seidenfädchen.

Im Aufenthaltsraum lief der Fotograf geschäftig zwischen dem Stativ mit seiner Kamera und den Kindern hin und her. Den Mädchen legte er eine Puppe auf den Arm, den Jungen gab er ein rotes Holzauto zum Hochhalten. Dabei hob er mahnend den Finger und sagte: »Bitte stillhalten!«

Die Großen kamen zuerst an die Reihe, weil sie zum Schulunterricht mussten. Die Kleinen warteten auf Stühlen, die der Hausmeister vor der Bühne schon für die Weihnachtsfeier aufgestellt hatte.

Die Kulisse für das Foto bestand aus einer weißen Kommode mit einem Tannenzweiggesteck und einer Kerze. Dahinter, an die Wand gelehnt, erhob sich eine kleine Leiter aus Pappe mit vierundzwanzig Stufen. Auf der obersten Stufe glänzte ein Stern aus goldener Folie. Ein Engelchen mit einem weißen Tüllschleier und Watte auf dem Kopf hing oben auf der Treppe.

Wenn es mir langweilig wurde, führte ich immer häufiger in Gedanken fantasievolle Selbstgespräche. Manchmal murmelte ich dabei auch vor mich hin.

Ich glaube, das Engelchen auf der Leiter sieht aus wie das Christkind. Ich will das Christkind fragen, wann es zu uns kommt. Aber vielleicht spricht das Christkind nicht mit Menschenkindern? Sicher fliegt es weit weg. Zuerst über den Wald und einen breiten Fluss, dann kommt das Dorf, danach eine große Stadt. Ich glaube, es legt die Geschenke überall vor die Haustür. Wir wohnen auf einem Berg, und da kommt das Christkind zuerst hin. Wo bekommt es denn die vielen Geschenke her? Vielleicht fallen die alle in der Nacht vom Himmel wie große bunte Schneeflocken. Das sieht bestimmt lustig aus, wenn die wie flauschige Ostereier auf dem Schnee verstreut liegen …

Jemand ruft mich. Ich zucke zusammen. Die Schwester streicht mir rasch die Strähnchen aus dem Gesicht und schickt mich nach vorne.

Der Fotograf sagt: »Bitte lachen!«

Ich weiß nicht, warum ich lachen soll. Was ist so lustig? Aber die Puppe lacht mich an. Da kann ich auch lachen. Ich ziehe meinen Mund hoch und schaue geradeaus in die Kamera. Das Licht blitzt stark. Ich kneife meine Augen zu, aber zu spät.

Schwester Maria kommt schnaufend angerannt.

»Kerstin!«, ruft sie. »Ich hab dich überall gesucht, bis mir einfiel, dass du hier bist.«

Ich gebe die Puppe zurück und schaue sie neugierig an.

»Ich habe eine Überraschung für dich! Deine Eltern und Jörgi sind da.«

Meine Augen werden groß.

»Was?«, stammele ich und weiß auf einmal nicht, wohin mit mir. Ich schaue mich im Saal um, dort sind nur Kinder.

Schwester Maria zieht mich den Flur entlang. Meine Finger sind kalt und rutschig. Mein Kopf dreht sich wie ein Brummkreisel.

Vielleicht bringen Vati und Mutti mir Jörgi zurück? Dann habe ich wieder jemanden zum Spielen. Was passiert, wenn sie ihn wieder mitnehmen? Fahre ich heute nach Hause? Weihnachten will ich aber hier sein mit den Schwestern und den Kindern. Ist Mutti bald wieder weg?

Mein Herz klopft bis zum Hals. Schwester Maria schubst mich vor sich her. In der Eingangshalle stehen fremde Leute.

Das Licht ist grell. Es ist ganz laut. Ich halte meine Hände über die Ohren. Ich verstecke mich hinter der Schwester.

»Kerstin, meine kleine Kerstin!«

Ich kenne die Stimme.

Dann rennen meine Füße wie von selbst den Flur entlang. Meine

Mutti fängt mich auf und hält mich fest in den Armen. Ich will sprechen, aber ich kann nicht. Ich muss die Tränen runterschlucken. Ein dicker Kloß sitzt in meinem Hals. Muttis Gesicht ist nass. Sie ist auch ganz still.

Zu diesem Zeitpunkt war meine Mutter schon seit einem Monat wieder geheilt vom Schwarzwald nach Worms, in unser Zuhause, zurückgekehrt.

Kapitel 7: Weihnachten

»Wie ein kleiner Soldat stapfte ich tapfer durch den Schnee«

Mutti, Vati und Jörgi dürfen mich gleich mitnehmen. Wir gehen den Berg hinunter durch den Wald. Alles sieht so anders aus. Wo bin ich eigentlich? Ich weiß nicht, was ich sagen soll. Jörgi rennt von mir weg und macht einen Schneeball. Er wirft ihn mir auf die Jacke. Mutti sagt: »Sei vorsichtig, Jörgi, damit Kerstin nicht friert.« Ich werfe einen ganz kleinen Schneeball zurück. Alle freuen sich über mich.

Die Pension am Waldrand lag auf einer Anhöhe in der Nähe des Fußweges, der sich bergauf durch den Wald zur Kinderklinik schlängelte. Der untere, weiß verputzte Teil des langgestreckten Hauses setzte sich geschmackvoll vom oberen Stockwerk ab, das mit dunklem Holz verkleidet war. Die Zimmer führten alle auf eine Holzterrasse, die über die ganze Seite des Hauses reichte. Zusätzliche Räume gab es im ausgebauten Dachgeschoß.

Das Zimmer meiner Eltern und Jörgi lag im zweiten Stock. Von hier aus blickte man auf die schneebedeckten Wiesen und Hügel in der Ferne. Unten im Tal ragte die weiße Kirchturmspitze des Dorfes zwischen den Dächern der Landhäuser hervor.

Endlich waren wir angekommen. Mein Vater hängte unsere feuchten Jacken, Mützen und Handschuhe zum Trocknen über die Heizung im Bad und stopfte Zeitungspapier in die nassen Schuhe. Jörgi verkroch sich in eine Ecke mit einem Schuhkarton voller Legobausteine. Ich wollte mit meinem Bruder spielen, blieb aber lieber bei meiner Mutter auf dem Schoß sitzen.

Wie damals, vor meiner Krankheit, wollte sie mir jetzt die Haare bürsten. Meine Haare waren gerade lang genug für zwei Rattenschwänzchen, die sie mit je einem Zopfgummi mit roten Bommeln befestigte. Als sie mir einen Handspiegel reichte, grinste ich fast ein bisschen frech.

Doch schnell fiel wieder ein Schatten über mein Gesicht. Um sechs Uhr abends erwartete Schwester Maria mich in der Klinik. Mutti beruhigte mich – wir hätten ja noch den Tag vor uns.

Mutti kramt aus ihrem Koffer ein Paket und gibt es mir. Ich reiße es auf und halte einen dicken Wollpullover in der Hand. Die Farbe ist grün-blau. »Danke, Mutti!«, sage ich. Mutti legt ihren Arm um meine Schultern. »Den habe ich während meiner Liege-kuren gestrickt.« Eine Träne ist in ihren Augen. »Das Stricken hat mir geholfen, die Stunden zu verbringen, und dabei habe ich an dich gedacht und mir ausgemalt, was du gerade machst.«

Ich möchte ihr erzählen, dass ich in meiner Liegekur viele Wolken gesehen habe, die Geschichten erzählen. Doch ich bin still. Ich habe schon so lange nicht mehr mit meiner Mutti gesprochen. Mutti zieht mir den dicken Pullover an und setzt mich auf das kleine Sofa in der Ecke. Sie packt ihren Koffer aus und stellt eine Dose mit Weihnachtsplätzchen auf den Tisch. »Hier, probier mal die Zimtsterne«, sagt sie. »Frisch gebacken. Die magst du doch so gerne.«

»Das schmeckt aber lecker.« Endlich kann ich wieder sprechen. Jörgi und ich knabbern an den Plätzchen. Ich schaue mich um.

Da steht ein Bett für Mutti und Vati und ein Kinderbett für Jörgi.
Sein Teddy sitzt auf dem Kopfkissen. Für mich ist kein Bett da.
Ich darf nicht bleiben. Ich bin nur zu Besuch da. Jörgi gibt mir
seinen Teddy.
»Na, du guckst ja auf einmal so betrübt«, sagt Mutti und nimmt
mich auf den Arm. »Komm, du darfst das Türchen im Advents-
kalender aufmachen.«
Jörgi hat schon fast alle aufgemacht. Das Bild mit dem Tannen-
baum und Schlittschuhsee ist mit silbernem Glitzerstaub bestreut.
Mit dem Fingernagel bohre ich das Türchen mit der »21« auf.
»Guck mal, Mutti!«, sage ich leise und zeige auf einen kleinen
Jungen mit einer roten Trompete.

Das Mittagessen wurde in der Gaststube der Pension angeboten. Sie war voll belegt. Trotzdem fand der Wirt für uns
einen Tisch mit Panoramablick. Die Bedienung brachte einen
Korb mit frisch gebackenen Semmeln und servierte eine deftige
Kartoffelsuppe mit Speck.
Zum Mittagsschlaf nach dem Essen lag ich in den Armen meiner Mutter eingekuschelt auf ihrem Bett und döste vor mich
hin. Ich sollte mich auf keinen Fall überanstrengen. Jörgi war
zu aufgeregt zum Ruhen und blätterte in seinem Micky-Maus-
Heftchen. Mein Vater las eine Broschüre des Verkehrsamtes
über das Allgäu.
Damit alles heimisch und gemütlich aussah, legte meine Mutter
etwas später eine bestickte Weihnachtsdecke über den kleinen
Tisch, stellte eine Porzellanschale mit den Zimtsternen, Butterplätzchen, Nusstalern und Lebkuchen darauf und zündete eine
dicke rote Kerze an. In einem Tauchsieder brodelte Wasser zum
Aufbrühen des Kaffees und Kakaos. Während meine Eltern

Pläne für das Weihnachtsfest schmiedeten, spielten Jörgi und ich Tierlotto. Langsam waren wir beide wieder aufgetaut und uns nähergekommen. Fast war alles so wie früher. Doch ehe ich mich versah, wurde es dunkel, und mein Vater brachte mich zu Fuß zurück zur Klinik. Wie ein kleiner Soldat stapfte ich tapfer durch den Schnee.

Die nächsten zwei Tagen vertrieben wir uns mit Schlittenfahren und Schaufensterbummeln im Ort. Wir Kinder pressten unsere Nasen an die Fensterscheiben und bewunderten die Auslagen: eine elektrische Eisenbahnanlage mit einer Lokomotive und Waggons, die im Kreis fuhren. Schneewittchen in voller Größe. Ihr Arm bewegte sich rauf und runter, als sie die sieben Zwerge am Tisch bediente. Meine Mutter ging noch etwas langsam am Arm meines Vaters, während Jörgi und ich Hand in Hand vorausliefen.

Wir schüttelten an den Tannenzweigen am Wegesrand, bis der Schneeregen auf uns herunterrieselte. Auf dem Marktplatz spielte eine Blaskapelle unter einem Zelt. Daneben stand eine Bauersfrau mit einem Kopftuch und verkaufte heiße Kastanien. In einem Schuhgeschäft kauften meine Eltern für mich ein paar feste, braune Wanderschuhe aus Leder, die innen mit Fell ausgelegt waren. Sie wären groß genug, dass ich damit durch den Winter käme, hatte mein Vater gemeint.

Meine Mutter hatte seufzend erwidert: »Wer weiß, wie lange Kerstin noch hierbleiben muss.«

Oft schneite es dicke, weiche Flocken, die auf dem Lattenzaun der Pension zu weißen Häubchen anwuchsen. Oben in der Stube war es angenehm warm. Weihnachtslieder trällerten aus einem Radio. In der Ecke stand ein kleiner Weihnachtsbaum und verbreitete würzigen Duft. Goldenes Lametta, rote, blaue,

gelbe und grüne Kugeln, Strohsterne und rote Kerzen schmück-
ten ihn fröhlich.

Am 24. Dezember luden die Schwestern um vier Uhr zum Nach-
mittagskaffee und Festlichkeiten in der Kinderklinik ein. Schalen
mit frischem Gebäck standen zwischen den Weihnachtsgestecken
auf den mit weißen Tischdecken überzogenen Tafeln. Auch das
Tischservice, Besteck und die mit dunkelroten Weihnachts-
sternen bedruckten Papierservietten waren hübsch aufgedeckt.
Entlang der Speisesaalwand türmten sich auf Gabentischen
bunte Päckchen, Puppen und Plüschtiere.

Trotz aller Versuchung durfte noch nichts angefasst oder ausge-
packt werden.

*Das Licht geht aus. Nur Kerzen leuchten auf dem Tisch. Ein Licht
scheint draußen auf die schneebedeckte Terrasse. Schneeflocken
wirbeln durch die Luft. Jörgi und ich reißen den Mund vor Stau-
nen weit auf. Knecht Ruprecht führt ein großes weißes Pferd an
der Leine. Ein Mädchen sitzt darauf. Sie hat lange blonde Haare
und ein weißes Kleid an. Jörgi lehnt sich zu mir:* »Ist das das
Christkind?« *Ich kann das kaum glauben:* »Kommt das Christkind hier auf einem Pferd??«

Meine Eltern lächelten über unsere Unterhaltung. In der Zwischenzeit hatte sich der Ärztechor neben einer Ordensschwester
am Klavier versammelt. Ihr weißes Gewand fiel wellig auf den
Boden. Als ihre Finger über die Tasten flogen, fiel der Chor ein
und sang die Elisabeth-Serenade »Hör mein Lied, Elisabeth«.
Mutter flüsterte mir zu, dass das Lied sie an ihre Mutter erinnerte und wischte sich eine Träne aus den Augen. Deshalb hätte
sie mir *Elisabeth* als Zweitnamen gegeben.

Kleine Mädchen hüpfen auf die Bühne. Oh wie schön! Sie haben
weiße Kleidchen an und auf dem Kopf ein Haarband mit einem
goldenen Stern. Mutti sagt, die Kleidchen sind Tutus. Die Mäd-
chen tanzen im Kreis, wirbeln nach außen und nach innen,
heben und senken dabei die Arme. Es ist wie ein Zauber. Ich
möchte auch so ein Mädchen sein. Ich wiege mich auf dem Stuhl
hin und her und summe mit.
»Püppchen, wenn du älter bist, darfst du auch Ballett machen«,
sagt Vati. »Das verspreche ich dir.«
Die kleinen Ballerinas verbeugen sich. Wir klatschen alle in die
Hände.

Der Chor stimmte Weihnachtslieder für die Gäste an, die dann
eifrig mitsangen. Die Spannung stieg zusehends und machte
uns Kinder zappelig. Endlich gab es die Bescherung. Um uns
herum drückten sich alle an den Tischen entlang.
Tagsüber hatte ich schon die Vorfreude gespürt. Doch jetzt war
ich erschöpft und klammerte mich an Mutters Hand, als wir
uns einen Weg durch die Menschenmenge zu dem Platz mit
meinem Namen bahnten.
Mein Bruder, wie immer besorgt um mich, half mir beim Aus-
packen der Geschenke: ein kleines Puppenhaus aus Holz mit
einem Bett, Tisch und Stuhl für ein weiches Stoffpüppchen.
Mich hatten der Lärm und die Aufregung überwältigt. Alles
war zu viel für mich. Ich wollte nur schlafen.
Eine Glocke kündigte das Ende der Besuchszeit an. Bei der Verabschiedung bedankten sich meine Eltern sehr herzlich bei
Schwester Maria für die schöne Feier.
Kurz bevor sie mich die Treppe hochbrachte, klagte Jörgi uner-
wartet: »Mein Hals tut mir so weh!«

Am Weihnachtsmorgen ist der Himmel blau wie Kristall. Ich stehe am Terrassenfenster und hüpfe von einem Bein aufs andere, bis ich aus der Puste bin. In meinem Bauch flattert es komisch. Mitten auf dem schneebedeckten Rasen sitzt ein Schneemann. Er hat zwei Steine als Augen, und darunter ist eine dicke Karottennase. Zwei Stöckchen mit Handschuhen stecken aus seinem dicken Bauch heraus. Auf seinem Kopf sitzt ein schwarzer Hut. Ich will ihn Jörgi zeigen. Vielleicht können wir auch so einen Schneemann bauen. Wo sind sie denn? Holt mich den heute niemand ab? Die Kinder sind fast alle weg.

Die Sonne wandert am Himmel. Ein Arm des Schneemanns hängt jetzt schief. Sein Handschuh ist in den Schnee gefallen. Der arme Schneemann! Sein Arm tut weh. Bald ist der Schneemann weg. Dann kann ich ihn Jörgi nicht mehr zeigen.

»Kerstin, deine Mutter ist hier!«, ruft Schwester Maria aus der Ecke. »Endlich!« Ich renne den Flur entlang in ihre ausgestreckten Arme. Mutti und ich spielen mit dem Puppenhaus. Ich lege das Püppchen ins Bett und decke es mit einer rosa Häkeldecke zu. Mutti kocht in der Puppenküche etwas Gutes.

In der Nacht hatte mein Bruder hohes Fieber bekommen, und mein Vater war bei ihm geblieben. In den nächsten Tagen wurde auch meine Mutter krank und danach mein Vater. Ab und zu gingen wir noch spazieren oder fuhren Schlitten. Wenn es schneite, spielten wir »Mensch ärgere dich nicht« oder »Schwarzer Peter« im Spielzimmer.

Wegen der Ansteckungsgefahr durfte ich erst in die Pension zurückkehren, als meine Familie wieder komplett gesund war. Das dauerte sicher eine Woche lang. Glücklicherweise war ich von der Grippe verschont geblieben.

Der vierwöchige Urlaub verging wie im Flug. Eines Tages mussten meine Eltern und mein Bruder mich wieder verlassen. Keiner wusste, wann wir uns wiedersehen würden.

Schneeberge türmten sich noch immer vor der Klinik. Der Schneemann war schon lange darunter verschwunden. Die Schwestern und der Hausmeister hatten den Weihnachtsbaum und die Krippe abgebaut. In der Nische stand jetzt ein kleiner runder Tisch mit einer Vase und Tannenzweigen.

Ich laufe noch lange an die Türe oder schaue aus dem Fenster. Vielleicht kommen Mutti, Vati und Jörgi wieder? Ich sehe nur dicke Schneeflocken. Sie schweben ganz dicht vom Himmel. Es ist so still. Ich bin alleine. Nur das Steiff-Kätzchen ist bei mir geblieben. Nachts rüttelt der Wind an den Fenstern. Wenn ich die Augen zumache, sehe ich die kleinen Mädchen tanzen. Ihre weißen Kleidchen schwingen in der Luft. Dann kommt die schöne Melodie und wiegt mich leise und sanft in den Schlaf ...

»Hör mein Lied, Elisabeth, hör das Lied aus ferner Zeit. Von der alten Allee klingt hin es zum See, und von jedem Baum, es ist wie ein Traum ...«

Kapitel 8: Malen

*»Er hielt seine Staffelei in der einen Hand, und mit
der anderen tauchte er seinen Pinsel in die Farbpalette«*

Wenn die Sonne besonders farbenprächtig unterging, ließen
Ärzte und Schwestern alles stehen und liegen und stellten sich
mit uns Kindern vor die Glastüren.

Ein Feuerball schwebte über den noch mit Schnee bedeckten
Tannen. Die Bergspitzen in der Ferne leuchteten im Abendrot
in allen Farbschattierungen von Violett bis tiefem Rosa und
Orange.

Andächtig pressten wir unsere Nasen gegen die Fensterscheiben
und bewunderten das Alpenglühen. Der Himmel leuchtete
noch einmal auf, dann sank die Sonne langsam hinter die
Bäume ins Dunkle.

Beim Ansteigen der Temperaturen kamen die Dachlawinen.
Die Schneemassen rutschten von den Dächern und schlugen
mit dumpfem Donnern unten auf. Die Schwestern hielten uns
beim Spazierengehen vorsorglich von den Gebäuden fern.

Eines Tages war der Schnee soweit geschmolzen, dass wir,
mollig in unsere Wintersachen eingepackt, den Fußweg hoch
zur Ulrichskapelle zur Sonntagsmesse stapfen konnten. Der
kalte Wind und die Sonne zauberten sicher eine gesunde Farbe
auf unsere Wangen.

Am Waldrand, an der Stelle, wo der Pfad in den Wald bog, war
in einen Felsen ein kleiner Altar gehämmert. In der Nische
standen ein Kreuz aus Holz und ein Windlicht, das in einem

flachen, roten Kerzenhalter flackerte. Zu unserer rechten Seite öffnete sich eine Lichtung.

Schwester Maria bleibt plötzlich stehen. Sie legt den Finger auf ihren Mund und flüstert: »Schhh, seid ruhig Kinder! Schaut mal!«
Nicht weit weg von uns steht ein Reh mit zwei Rehkitzen. Sie schnüffeln auf der Schneedecke herum. Die weißen Flecken auf den Rehkitzen leuchten. Das Mutti-Reh spitzt die Ohren und springt in den Wald. Das weiße Hinterteil hüpft hoch und runter wie ein Ball, und die Rehkinder springen hinter ihr her. Ich möchte ihnen hinterherlaufen und mit ihnen spielen. Aber sie sind schon weg. Dafür stecke ich mir einen Tannenzapfen in die Tasche und marschiere weiter.
»Wir sind fast da!«, ruft Schwester Maria und zeigt auf die weiße Kapellenspitze oben am Hang.
Die Glocken läuten so schön im Wald. Meine Füße sinken in den matschigen Schnee. Im Gänsemarsch gehen wir den steilen Pfad hoch. Wir müssen uns an einem Holzgeländer und an den großen Kindern festhalten. Schwester Maria will nicht, dass wir ausrutschen.
Die Kapelle ist schon voll. Es ist warm und stickig. Schwester Maria zeigt auf eine freie Holzbank. Ich klettere darauf und lasse meine Füße in der Luft baumeln. Vor mir sitzen Frauen, Männer, Kinder und Schwestern. Der Priester geht den Gang hinunter und schwenkt eine goldene Kette mit zwei Bechern hin und her. Es riecht auf einmal ganz komisch. Ich halte meine Hand vor den Mund und huste.
»Was ist das?«, flüstere ich Anna ins Ohr und zeige auf die Behälter, aus denen der Rauch kommt.

Schwester Maria schaut mich an. Ich senke meinen Kopf und blicke auf meine Wanderschuhe, die ich heute zum ersten Mal anhabe. Ich höre fremde Laute und verstehe kein Wort. Unruhig rutsche ich auf der Bank hin und her. Wenn ich meinen Hals recke, kann ich fast Jesus sehen. Er hängt mit roten Klecksen auf den Händen am Kreuz. Da schaue ich lieber auf die Frau daneben. Sie heißt auch Maria, wie unsere Schwester. Ihr Kleid ist blau angemalt. Über dem Kopf ist eine kleine Sonne. In ihren Händen hält sie eine weiße Kerze.

Der Priester sagt wieder etwas, und die Leute murmeln. So geht das ständig hin und her. Meine Beine kribbeln, und ich kann schlecht atmen. Ich will aufstehen und rausrennen. Ich muss aber brav sein. Schwester Maria holt ihre Kette mit den vielen Perlen aus der Tasche.

Ich bete auch leise in mich hinein. »Lieber Gott, mach mich gesund. Ich werde auch immer ganz lieb sein.«

Endlich dürfen wir gehen. Schwester Maria wirft ein paar Groschen in den Spendenkorb und führt uns an die frische Luft.

»Das war aber langweilig! Ich hab kein Wort verstanden«, ruft Peter, als wir nach der Messe den Berg hinunterrutschen.

»Sag das nicht noch einmal!«, sagt Schwester Maria und hebt den Zeigefinger. »Der Priester hat Latein gesprochen, wie sich das gehört.«

Nicht lange danach feierten wir Fastnacht in der Kinderklinik. Rote, grüne, gelbe und blaue Ballons hingen an einer Schnur quer durch den sonst so kahlen Aufenthaltsraum. Wir bliesen bunte Luftschlangen, die sich auf dem Boden aufrollten oder sich in unseren Armen und Beinen verfingen. Glitzernd-rotes Konfetti fiel von den weißen Kutten der Schwestern.

Wie die meisten Kinder war ich ein Wichtel. Mein Kostüm bestand aus roten Wollstrumpfhosen, einem rot-grün karierten Rock und blau gestricktem Pullover. Fräulein Heidi hatte an meinem Kopf mit einem Gummi einen langen weißen Bart aus Watte befestigt und mir einen schwarzen Schnurrbart unter die Nase gemalt.

Einige Kinder aus der Gegend trugen besondere Kostüme, die sie von zu Hause bekommen hatten. Manche waren sogar selbstgenäht.

Warum darf ich keine Prinzessin sein? Ich will auch einen Zauberstab haben und ihn hin- und herschwingen. Ein großer Junge in einem gestreiften Hemd hat eine Matrosenmütze auf dem Kopf. Er rumpelt mich an und sagt Entschuldigung! Dabei wackelt die Pfeife in seinem Mund.

Jemand ist als Clown verkleidet mit einem weißen Gesicht und einer dicken roten Nase. Der Clown lacht mich an, aber ich schaue schnell weg. Ich habe ein bisschen Angst vor ihm. Ein Cowboy knallt mit seinem Gewehr. Ich muss an Jörgi denken. Vielleicht ist er ja auch ein Cowboy? Etwas sticht in meinem Herz. »Helau! Helau!«, rufen die Kinder und laufen den Flur entlang. Ich renne hinterher. Fräulein Heidi gibt uns Berliner, dick mit Puderzucker bestreut. Das schmeckt aber gut! Erdbeermarmelade läuft an meinen Fingern hinunter. Ich lecke sie schmatzend ab.

Der Bart kratzt, und ich ziehe ihn herunter. Im Badezimmer rubble ich den schwarzen Schnurrbart unter meiner Nase mit Seife weg. Die Feier ist vorbei.

Nach dem Mittagsschlaf bringt mich Fräulein Heidi ins Kranken-zimmer. Sie sagt, ich soll zum »Schlauchschlucken« gehen. Davor habe ich Angst. Ich muss wieder ganz tapfer sein. Die

Krankenschwester steckt einen Schlauch tief in meinen Hals. Ich muss würgen. Mein Magen ist leer, aber mein Mund ist sauer. Mein Hals kratzt. Ich bekomme keine Luft.
Ich huste ganz laut und spucke in die Schale.

Beim »Schlauchschlucken« wurde Lungensekret abgesaugt. Dieses Sekret musste, ebenso wie der Auswurf (»Sputum«), auf ansteckende TB-Erreger mikroskopisch untersucht werden. Auch meine Mutter erinnert sich bis heute an das »schreckliche Schlauchschlucken«.

Müde und ausgelaugt ging ich nach der Untersuchung mit gesenktem Kopf und hängenden Schultern neben Fräulein Heidi durch die Eingangshalle zum Bastelzimmer. In diesem Moment wünschte ich mir nichts sehnlicher, als von meiner Mutter getragen zu werden. Als Fräulein Heidi stehenblieb und mit einer Krankenschwester sprach, schaute ich mich um. Plötzlich war ich hellwach – irgendetwas zog mich an das Fenster neben der Tür.

Auf Zehenspitzen stehend spähte ich hinaus. Eiszapfen tropften vom Dach herunter. Im goldenen Schein der Sonne saß ein Mann mit einem roten Schal. Er hielt seine Staffelei in der einen Hand, und mit der anderen tauchte er seinen Pinsel in die bunt-klecksige Farbpalette. Ab und zu schaute er von seinem Gemälde auf und blickte in die Ferne auf die Tannen. Diesen Mann, der da draußen vor der Tür malte, hatte ich noch nie gesehen.

»Kerstin, da bist du ja!«, ruft auf einmal Fräulein Heidi und tippt mir auf die Schulter. Sie beugt ihren Kopf zu mir und fragt: »Was gibt's denn da draußen?« Ich zeige auf den Mann.

»Das ist der Maler. Aber jetzt komm schnell, du sollst hier nicht alleine rumlaufen.«

Im Bastelzimmer setze ich mich neben Anna an einen langen Tisch. Vor mir steht ein Becher mit Wasser, ein Pinsel und ein Kästchen mit Wasserfarben.

»Kerstin, so, jetzt bist du der Maler. Hier ist ein Bogen Malpapier. Zeig mal, was du malen kannst«, fordert Fräulein Heidi mich auf. Ich nehme den Pinsel in die Hand und male einen gelben Ball mit Strahlen in die oberste Ecke.

»Das ist meine Sonne«, sage ich.

Dann mache ich den Pinsel sauber. Ich tauche ihn in das grüne Töpfchen und male drei Tannen, zwei große und eine mittelgroße. Mit dem Zeigefinger erkläre ich: »Und hier sind meine Bäume, Vati, Mutti und Jörgi.«

Fräulein Heidi nickt, sagt aber nichts.

Ich schaue mir das Bild genau an und wirbele meinen Pinsel noch einmal in der grünen Farbe. Dann bespritze ich das Papier in der unteren rechten Ecke mit einem klitzekleinen Klecks. Mit ein paar Zügen male ich zuerst einen Punkt, aus dem dann einen winzigen Baum.

»Und der ganz kleine hier, das bin ich.«

Kapitel 9: Frühling

*»Eine Wärme durchfloss mich
und breitete sich langsam in mir aus«*

Mit der erwachenden Natur im April blühte auch meine Gesundheit auf. Kirschbäume zeigten rosa und weiße Blüten. Im Garten standen üppig rote Tulpen. Überall sprangen die Knospen auf. Der Bach im Wald, angeschwollen vom letzten Schnee, brauste rauschend ins Tal. Grüne Blättchen ließen sich darin herumwirbeln und wegtreiben. Jeden Morgen, bei warmen Temperaturen, gingen Scharen von Kindern im Schulalter mit ihren Ranzen auf dem Rücken in die Waldschule. Dort standen Holzbänke und Tische wie in einem Klassenzimmer aufgereiht. An jedem Tisch saßen vier Kinder mit ihren Köpfen über ihre Hefte gebeugt. Sie wurden dort von Schwestern unterrichtet, die mit wehender Kutte und einem Buch im Arm vor ihnen standen. Den Masernausbruch in der Kinderklinik hatte ich gut überstanden, wie eine Ärztin in einem Brief vom 6. April 1964 meiner Familie mitgeteilt hatte:

»Von Masern blieb Kerstin verschont. Sie erhielt vorbeugend ein Masernserum, was ganz sicher der Grund war, daß bei ihr nicht die Masern aufgetreten sind. So ist auch der Kurverlauf weiterhin gut. Die letzte Lungenaufnahme vom Februar ergab ebenfalls eine Besserung des Lungenbefundes.«

Es gab kaum noch Einschränkungen für mich. Ich nahm an Spielen auf dem Rasen und an Spaziergängen teil, sprang scheinbar unbeschwert im Wald herum.

In dem gleichen Brief schrieb die Ärztin weiter, »… dass es Ihrer kleinen Kerstin recht gut geht. Sie ist immer vergnügt und munter mit ihren kleinen Spielkameradinnen und vermißt ihr Zuhause nicht«.

Was sie nicht erwähnte: dass ich oft abseits der Gruppe stand – zurückgezogen in meine eigene Welt.

An einem Morgen saß ich verträumt auf einem Baumstumpf. Würzig duftende Tannennadeln lagen verstreut um mich herum. Die Beine hatte ich angezogen und hielt sie mit den Armen fest umschlungen. Meinen Kopf legte ich auf die Kniescheiben. Dabei wanderten meine Gedanken …

Die Kinder spielen Verstecken. Ich will aber nicht mitspielen. Ich will lieber alleine mit mir sein. Jemand hat den armen Baum abgehackt. Jetzt ist er mein Stuhl. War der Baum vielleicht krank wie ich? Ich streichele ihn. Er fühlt sich rau an. Die Sonne scheint so warm auf meinen Rücken. Ich werde müde. Wo kommen denn die Stimmen her? Ich bin neugierig. Vor mir ist ein Weg, der in den Wald biegt. Ich weiß nicht warum, aber ich laufe den Stimmen nach. Vielleicht ist dort ja ein Zauberer?

»Fünf mal fünf macht fünfundzwanzig«, ruft ein Junge.

»Das stimmt«, antwortet jemand. Vielleicht eine Schwester?

Ich schaue hinter einem Baum hervor und höre genau hin.

»Jetzt sind wir fertig mit Mathematik«, sagt die Schwester. »Nun schreiben wir noch ein Diktat.«

Sie liest eine Geschichte vor über einen Holzfäller, der in einer Hütte im Wald wohnt und nicht genug Geld für seine Frau und seine Kinder hat. Die armen Kinder müssen hungern und frieren! Mein Herz pocht. Ich kann ihnen nicht helfen. Das Mädchen findet einen Schatz im Wald. Jetzt sind sie reich. Mein Herz

purzelt vor Glück den Berg hinunter. Ich nehme einen kleinen
Stock und male eine Blume in den Sand. Ich will auch in eine
Schule im Wald gehen. Hier scheint die Sonne, und es riecht so
gut. Geht Jörgi schon in die große Schule? Er ist so weit weg von
hier. Wo gehe ich hin, wenn ich groß bin? Mein Bauch ist leer und
knurrt. Es klingelt.
»Der Unterricht ist beendet!«, ruft die Schwester und steckt das
Glöckchen in ihre Kutte.
Ich darf ja gar nicht alleine im Wald herumlaufen, und für die
Schule bin ich noch zu klein. Fräulein Heidi kommt mir schon
entgegen.
»Kerstin, wo warst du denn schon wieder?«, fragt sie außer Atem.
»Du darfst nicht immer weglaufen.«
Sie drückt meine Hand und zwinkert mit den Augen.
»Ich werde Schwester Maria nichts davon sagen. Aber mach es
nicht wieder!«

Auf dem Rückweg gingen Fräulein Heidi und ich an dem
Maler vorbei. Auf einem Hocker saß er etwas abseits von
unserer Gruppe. Er kniff die Augen zusammen und lehnte sich
zurück, als er sein Kunstwerk auf der Staffelei betrachtete. Vor
ihm breitete sich ein gelbes Band von Osterglocken entlang
des Waldrandes aus. Sein weiß beklecktes Hemd war an den
Ärmeln hochgekrempelt.
Er winkte uns zu. Sein freundliches Lächeln blitzte unter seiner
braunen Kappe hervor. Ich wollte zurückwinken, war aber zu
schüchtern und drehte mich weg.
Doch in meinem Innern hatte sich etwas gelöst, eine Wärme
durchfloss mich und breitete sich langsam in mir aus.
Mit der Maisonne fand die Liegekur wieder auf der Terrasse statt.

Mit meiner Decke bis ans Kinn gezogen saugte ich den Duft der weißen und lilafarbenen Fliederbüsche ein. Die Wolken zogen am Himmel vorbei. In der Ferne glitzerten die Berge. Ein zitronengelber Schmetterling landete auf meinem Gitterbettchen und faltete seine Flügel zu und dann ganz groß auf.

Ich war aus dem Winterschlaf erwacht. Mit neuen Lebenskräften war es für mich jetzt noch schwieriger, still zu liegen. Jede Abwechslung war willkommen.

Schwester Maria liest uns die Geschichte von Schneewittchen vor. Die böse Stiefmutter fragt den Spiegel: »Wer ist die Schönste im ganzen Land?« Der Spiegel antwortet: »Hinter den sieben Bergen, bei den sieben Zwergen ist eine Frau, die ist tausendmal schöner als Ihr!« Mutti ist das Schneewittchen. Sie wohnt ganz weit weg von mir, hinter den sieben Bergen.

Im tiefsten Inneren spürte ich in diesem Moment, dass sie mich nicht verlassen hatte. Sie wartete auf mich, und ich würde sie dort finden. Dieses intuitive Wissen gab mir ein Gefühl der Sicherheit, von dem ich zehren konnte. Eine Brise wehte durch die Tannen und schwenkte ihre Zweige wie Arme durch die Luft, als ob sie ein kleines Kind aufheben wollten.

Ein Jahr lang war ich jetzt schon in der Kinderklinik. Eine unvorstellbare lange Zeit für ein kleines Kind. Mein Leben hatte seinen eigenen Rhythmus entwickelt und lief in einer gewohnten Ordnung ab, die tröstend auf mich gewirkt haben muss. Die einzigen Veränderungen waren meine zunehmende Energie und das erstarkende körperliche Wohlbefinden.

An Pfingsten erhielt ich wieder ein Päckchen von zu Hause, und Schwester Maria schrieb eine Karte zum Dank an meine Eltern:

»Sehr geehrte Familie Wiebe!
Das hübsche Päckchen kam gerade zu Pfingsten recht. Wie hat sich Kerstin über alles gefreut. Die Püppchen stehen am Nachtkästchen. Wir haben herrliche Pfingsten verlebt, es war sehr warm und die Bälle kamen zu ihrem Recht. Nun war doch wieder der Friseur bei uns, denn Kerstin sah so verwildert aus. Nun bitten wir doch noch um ein Paar Hausschuhe, etwa Pantöffelchen oder Schuhe ohne Schnallen. Kerstin hat kein Heimweh, aber wenn die Post von Worms etwas bringt, ist sie überaus glücklich.   Mit freundlichen Grüßen, Sr. Maria.«

Kurz danach, am 1. Juni 1964, bekamen meine Eltern endlich die langersehnte Nachricht des Chefarztes:
»Erfreulicherweise läßt sich sagen, daß die linksseitigen Entzündungserscheinungen im linken Oberlappen, wie auch an den Lungenwurzeldrüsen weiterhin in befriedigender Rückbildung begriffen sind. Wir glauben daher, daß eine Verlängerung der Kur um 2 Monate ausreichend sein wird, um die restlichen Entzündungszeichen zum Abklingen zu bringen. Es wird Sie sicher ganz besonders freuen, wenn wir Ihnen nach Ablauf der jetzt vorgeschlagenen Kurzeit, also zum 24. August, Ihre kleine Kerstin wieder heimgeben können.«
Mir sagte man nichts von meiner in Aussicht gestellten Entlassung. Für mich ging das Leben in der Klinik endlos weiter. Aus Juni wurde Juli und dann August …

Es ist so heiß. Die Fenster und Türen von unserem Schlafsaal sind offen, damit wir etwas frische Luft bekommen. Ich starre gelangweilt an die weiße Decke. Ab und zu spiele ich mit meinen Fingern und zappele mit den Zehen. Endlich ist die Mittagsruhe vorbei. Schwester Maria hat ein rotes Gesicht. »Kerstin, heute habe ich gute Nachrichten für dich«, sagt sie zu mir und macht ein bisschen Wind mit einem Heft. »Du darfst morgen nach Hause fahren.«

Ich sitze auf der Bettkante und schaue mich im Schlafsaal um. »Nach Hause?«, frage ich langsam.

»Ja, natürlich, zu deinen Eltern und deinem Bruder!«

»Ja, zu meinen Eltern und meinem Bruder«, wiederhole ich wie im Traum.

Ich kann mich immer noch nicht bewegen. Wo ist daheim? Irgendwo ganz weit weg, wo es keine Berge gibt. Wie sieht es da aus? Mutti, Jörgi, Vati, Tante Rosi und Omi sind daheim, und hier sind die Kinder und Schwestern.

Schwester Maria steht am Kleiderschrank und zählt meine Socken, Unterwäsche und Pullover. Mit einem Bleistift hakt sie jedes Kleidungsstück auf einer Liste ab. Anna sitzt auf dem Bett neben mir und dreht ihre Locken um den Zeigefinger. Peter liest ein Buch. Die Zeiger an der Wanduhr ticken.

Nachts pocht mein Herz laut in meinen Ohren. Die Kinder atmen leise. Ab und zu hustet jemand. Dann ist es wieder still.

Weit weg läuten Kirchenglocken.

Die Kinderklinik lag schon hinter uns, als ich rasch mit meinem Vater den Kiesweg entlang an dem duftenden Rosengarten vorbei ging. Wir wollten den Bus zum Zug nicht verpassen.

Von Weitem erblickte ich Fräulein Heidi, Anna und Peter, die Fangen spielten. Ihre Stimmen waren kaum noch zu hören. Sie winkten mir zu, und ich winkte zurück. Dann rannten sie in den Wald. Fremde Kinder kamen uns entgegen und trällerten »Hänschen klein, ging allein, in die weite Welt hinein …«

Wir eilten weiter auf dem Waldweg bergab, der am Bach entlang ins Dorf hinunter führte. Ab und zu zupfte ich an Farnblättern am Wegesrand. In der Ferne erklangen Kuhglocken und das Muhen der Kühe. Grillen unterbrachen die Stille mit ihrem Zirpen.

»Hier kannst du dich kurz ausruhen, Püppchen«, sagt Vati. Er stellt meinen Koffer auf den Boden und hebt mich auf die Bank am Waldrand. Er setzt sich neben mich. Ich habe Durst. Er holt eine Feldflasche aus seinem Rucksack und gießt mir einen Becher Wasser ein.
»Ach, ich kann es kaum glauben, genau hier haben wir damals den Schlitten angebunden, weil der Schnee so hoch lag und wir nicht weiterkamen.« Vati blickt ins Tal hinunter. »Ja, das war immer so schlimm, wenn ich dich abends wieder in die Klinik zurückbringen musste.«
Ich kann mich kaum noch daran erinnern. Jetzt möchte ich nur noch nach Hause.
»Wann sehen wir Mutti und Jörgi?«, frage ich.
»Du musst noch ein bisschen Geduld haben«, sagt er und streichelt meinen Kopf.

Mein Vater erklärte mir die Reiseroute, ohne dass ich sie richtig begriff. Bevor wir uns wieder auf den Weg machten, drehte ich mich noch einmal um. Der Pfad mit den hohen Tannen führte zurück zur Klinik. Ein letztes Mal atmete ich den Duft der Tannen tief in mich ein und spürte die Tannennadeln unter meinen Füßen. Ich nahm Abschied von der idyllischen, abgeschiedenen Welt der Kinderklinik. Das Dorf Scheidegg war nach acht Monaten mein erster Berührungspunkt mit der Außenwelt.

Als wir uns am späten Abend im Zug Ulm näherten, war ich wie verzaubert von dem unendlichen Lichtermeer der Stadt. Ich konnte mich gar nicht sattsehen an den vielen tanzenden Lichtern. In Ulm hatten wir eine halbe Stunde Aufenthalt. Wir gingen den langen, windigen Bahnsteig entlang zu einem Kiosk. Mein Vater kaufte eine Tafel Halbbitterschokolade für Mutti und eine Tüte Gummibärchen für Jörgi »zum Mitbringen«. Ich bekam einen Pappbecher mit heißer Schokolade.

Als das Taxi uns endlich in der Rheinstraße in Worms absetzte, war es Mitternacht. In der Luft hing noch die Schwüle des Tages. Die Straße war wie leergefegt. Rundherum war es dunkel. Die Lichter in unserem Wohnhaus waren alle ausgelöscht – bis auf eins. Behutsam trug mein Vater mich die Treppe hoch. Meine Mutter stand im Bademantel an der Tür und empfing mich mit offenen Armen.

»Lass mich dich anschauen, mein Kind«, sagt Mutti und wischt ihre Augen mit einem Taschentuch trocken. »Du bist ja so groß geworden!«
Sie umarmt mich wieder und küsst mich. »Jetzt bist du endlich zu Hause!« Ich spüre eine wohlige Wärme. Ich bin todmüde. Mutti will mich ins Bett legen.
Aber ich muss noch meine Anziehsachen in Ordnung bringen! Ich falte meine Hose, die Strickjacke, Unterwäsche und Söckchen ordentlich zusammen und lege das Kleiderpäckchen auf den Stuhl neben meinem Bett – so wie in der Kinderklinik.

Auf den Tag genau ein Jahr nach meinem Bruder war auch ich wieder daheim. Die Tannen, die Wiesen und die Berge schlummerten in meinen Träumen wie ein tief vergrabener Schatz.

Kapitel 10: Sommer

»Ich war in eine idyllische Traumwelt getaucht«

Ein Jahr später, im Mai 1965, musste ich noch einmal in die Kinderklinik zurück. Die Empfehlung zu meiner dreimonatigen Nachkur kam vom hiesigen Gesundheitsamt als eine Vorbeugungsmaßnahme. Glücklicherweise war meine Tuberkulose erfolgreich ausgeheilt. Die Gefahr eines Rückfalls bestand aber immer noch.

Zudem war meine Mutter wieder schwanger, und die Geburt des Babys im Juni war mit großen Risiken verbunden. Voraussichtlich sollte meine Mutter einen Monat vor und nach der Geburt in Quarantäne in einer Spezialklinik liegen. Das Baby sollte nach der Geburt gleich in ein Kinderkrankenhaus abtransportiert werden. Die Furcht war groß, dass die Tuberkulose durch die Anstrengungen der Entbindung wieder aufbrechen könnte. Der Zeitpunkt für meine Nachkur als Sommeraufenthalt in Scheidegg war deshalb günstig.

Jetzt, im Alter von schon fünfeinhalb Jahren, erlebte ich alles, was um mich herum geschah, mit einem größeren Bewusstsein und Auffassungsvermögen. Die Vorfreude auf das Baby – ich wünschte mir nichts sehnlicher als ein Schwesterchen – war überschattet von der Sorge um meine Mutter. Eine unterschwellige Angst, dass ich jetzt für immer in der Kinderklinik bleiben musste, peinigte mich.

Seit meiner Entlassung waren neun Monate vergangen. Nach einer Eingewöhnungsphase hatte ich mich wieder zu Hause eingelebt, war vollkommen in meine große Familie integriert. In jeder freien Minute spielte ich mit Hans-Jörg in der Wohnung oder auf dem Hof. Mein Bruder war im September 1964 eingeschult worden. Ich ging in den Kindergarten in Worms. Trotz meiner Reife und Vernunft war es wohl schwer für mich zu verstehen, dass ich jetzt wieder aus meinem gewohnten Umfeld herausgerissen und dazu noch mit einer Sozialarbeiterin zur Klinik gebracht werden sollte.

Am Morgen der Abreise stand ich mit meiner hochschwangeren Mutter, meinem Vater in Uniform und der Sozialarbeiterin, Frau Lieden, auf dem Bahnsteig. Überwältigt vom erneuten Trennungsschmerz, drückte ich meine Tränen weg. Ich wollte meinem Vater beweisen, wie tapfer ich war. Außerdem fühlte ich mich verantwortlich für den traurigen Blick meiner Mutter und wollte ihr keine zusätzlichen Sorgen bereiten.

Als die Ansage meines Zuges durch den Lautsprecher dröhnte, tat ich plötzlich sehr fröhlich und sprang von einem Bein auf das andere auf den Platten herum, als ob ich »Hinkelchen« spielte. Und als sich die schwarze, gigantische Lokomotive mit quietschenden Bremsen näherte, lachte ich laut und hüpfte immer schneller. Wie ein kleiner trauriger Clown überspielte ich meine Angst und inneren Schmerzen. Niemand bemerkte etwas von meinem kindlich-verzweifelten Theater.

Dass ich den Schwestern in der Kinderklinik am Anfang Schwierigkeiten bereitete, verwundert mich heute nicht.

Es ist noch ganz früh am Morgen, aber es ist schon ein bisschen hell. Die Vögel zwitschern. Ich weiß gar nicht, wo ich bin. War ich hier nicht schon einmal? Aber den Schlafsaal kenne ich nicht. Rechts von mir liegt ein Mädchen mit dem Kissen über dem Kopf.

Die Kinder schlafen alle noch. Jetzt weiß ich, wo ich bin. Ich bin wieder in der Kinderklinik, und Jörgi durfte bei Omi bleiben. Sie kauft ihm bestimmt Schokolade und geht mit ihm auf den Spielplatz im Park mit den großen Schaukeln. Und Mutti und das Baby? Ich muss schluchzen, ganz laut.

Wie sieht das Krankenhaus aus, wo sie jetzt ist? Ich darf nicht weinen. Aber ich kann nicht anders. Ich muss immer mehr schluchzen. Ich bekomme kaum noch Luft. Die Angst kommt in mir hoch, und ich weine noch mehr. Ich bin gar nicht tapfer.

Das Mädchen neben mir bewegt sich und fragt verschlafen aus ihrer Decke: »Was ist denn los?«

»Ich will wieder nach Hause gehen!« *Ich muss jetzt noch lauter weinen.* »Nach Hause zu meiner Mutti. Sie bekommt bald ein Baby!«

»Ich will auch nach Hause«, *ruft jetzt das andere Mädchen und fängt auch an zu weinen. Andere Kinder wachen auf. Im Schlafsaal wird es immer lauter.*

Plötzlich geht die Tür auf. Eine Schwester kommt herein.

»Was ist denn das hier für ein Krach?« *Sie klingt sehr streng und marschiert in ihrer weißen Kutte und mit ihrer spitzen Haube durch den Schlafsaal.* »Es ist erst fünf Uhr. Wer hat mit dem Lärm angefangen?«

Ich schluchze laut auf. Jetzt pocht mein Herz noch mehr. Jemand zeigt auf mich. Die Schwester kommt an mein Bett und seufzt: »Ach, es sind immer die Neuen.«

»Entschuldigung«, *antworte ich jetzt ganz brav und unterdrücke ein erneutes Schluchzen. Ich lege mich wieder ins Bett und bin mucksmäuschenstill.* »Schwester Liguria ist wirklich streng. Vor allem, wenn sie Nachtdienst hat«, *flüstert das Mädchen neben mir.* »Ich heiße Petra, und du?«

»Ich bin Kerstin«, hauche ich zurück und trockne meine Tränen mit meinem Schlafanzugärmel.

Im Wald dürfen wir spielen. Auf der Wiese stellen wir uns in zwei Reihen auf und bilden mit unseren Armen einen Tunnel. Petra nimmt mich an die Hand, und wir springen zusammen untendurch. Ich vergesse, dass Jörgi nicht hier ist.

Am Abend schlafe ich schnell ein, weil ich so müde bin. Doch am Morgen geht es wieder los. Ich kann nicht aufhören zu weinen und wecke die Kinder auf. Ich will so tapfer sein, aber es klappt einfach nicht.

Schwester Liguria wird immer böser mit mir und sagt ganz harsch: »Kerstin, du weckst die Kinder jeden Morgen auf. Heute Nacht stelle ich dein Bett auf den Gang, und dann kannst du dort schlafen. Das wird dir hoffentlich eine Lehre sein!«

Sie rollt mein Bett auf den Gang, und ich schlurfe in meinen Pantoffeln mit gesenktem Kopf hinter ihr her. Die anderen Kinder machen keinen Mucks. Die Schwester stellt mein Bett an die Wand und droht mit dem Zeigefinger: »Du musst so lange hier schlafen, bis du morgens ruhig bist.«

Sie macht die Tür vom Schlafsaal zu und geht weg. Jetzt bin ich ganz alleine auf dem Flur. Starr vor Angst klettere ich brav in mein Bett. Ich murmele ständig vor mich hin: »Ich darf nicht weinen!« Das Nachtlicht blendet, und ich ziehe mir die Bettdecke über den Kopf. Ich zittere am ganzen Körper. Es dauert lange, bis ich endlich einschlafen kann. Am Morgen wache ich wieder früh auf. Jetzt bin ich stark genug und schlucke meine Tränen runter. Dann warte ich, bis die Schwester kommt und ich aufstehen darf. Am Abend darf ich wieder im Schlafsaal bei den Kindern schlafen. Schwester Liguria schickt mich nicht mehr auf den Gang.

Ich bin froh, dass sie jetzt nett zu mir ist.

Im Juni öffneten die roten, gelben und weißen Rosen vor der Kinderklinik ihre Knospen und blühten mit voller Pracht. Die kranken Kinder mussten, wie ich im Jahr zuvor, stundenlang auf den Terrassen liegen.

Wir dagegen hatten Glück und unternahmen kleine Wanderungen mit einer jungen Schwester namens Gundula, die ich sehr mochte. Dabei trug ich meine grauen Lederhosen mit den roten Herzchen und Wanderschuhe, die ich von meinem Bruder geerbt hatte. Zum Schutz vor Sonne und Wind hatte ich ein rot-gelb gestreiftes Kopftuch auf.

Oft stiegen wir auf einem lehmigen Weg den Berg hinauf, an Wiesen voller Butterblumen vorbei, auf denen Kühe grasten. Schwester Gundula trug einen großen Rucksack mit unserem Proviant auf dem Rücken und stimmte Wanderlieder an.

Schwester Gundula bleibt stehen und zeigt auf Büsche, an denen kleine blaue Beeren hängen.

»Die könnt ihr pflücken«, sagt sie, beugt sich nach unten und sammelt eine Hand voll Beeren, die sie sich in den Mund steckt.

Ich esse so viele Beeren, bis meine Zunge blau ist und mein Bauch weh tut.

Wir wandern weiter durch die Wiesen. Auf einem Dorfplatz trinken wir an einem Steinbrunnen klares, kühles Wasser. Wir strecken unsere Zungen raus. »Jetzt sind sie nicht mehr blau«, singt Schwester Gundula und lacht dabei. Dann zeigt sie auf einen Bauernhof am Hang.

»Von da oben komme ich her. Dort oben wohnt meine Familie.«

Ich muss an Mutti und das Baby denken. »Kerstin, warum lässt du deinen Kopf so hängen?«, fragt mich Schwester Gundula.

»Meine Mutti bekommt bald ein Baby, und sie musste schon

vorher ins Krankenhaus«, sage ich ernst. Schwester Gundula ist
einen Moment still und denkt nach. Mit ihrem Daumen schiebt
sie mein Kinn hoch und schaut mich fröhlich an:
»Ich bin mal gespannt, wer zuerst nach Hause kommt, du oder
deine Mama? Wir machen einen Wettbewerb daraus.«
Jedes Mal, wenn ich Heimweh habe, muss ich an den Wettbewerb
denken. Wenn ich Schwester Gundula sehe, blinzelt sie mir zu.
»Denk dran, was ich dir gesagt habe. Der Wettbewerb. Wer wird
ihn wohl gewinnen?«
Dann muss ich auch lachen. Ich bin so gespannt.

An lauen Sommerabenden durften wir im Schlafanzug auf der
Terrasse Ball spielen. Oft wehte eine leichte Brise durch die
Tannenbäume. Langsam wurde es dunkel, und einige Sterne
leuchteten schon schwach am Himmel.
Ich freute mich jeden Abend auf den Imbiss, den es vor dem
Einschlafen gab. Dann lief ich zur Terrassenmauer, stellte mich
auf die Zehenspitzen und hüpfte hoch. Von dort erblickte
ich Schwester Gundula, die mit einem großen runden Korb,
auf dem ein rot-weiß kariertes Küchentuch lag, mit langen
Schritten auf das Haus zulief.
Als sie bei uns angekommen war, verbreitete sich der Duft von
frischem Mischbrot direkt aus dem Ofen auf der Terrasse. Die
Kinder kamen angerannt, und Schwester Gundula verteilte
dicke Brotscheiben.
Als die Kinder das Brot vertilgten, wurde es auf der Terrasse still.
Ich biss kräftig in die zweite Scheibe Brot. Petra und ich hielten
unsere Krusten hoch und schauten wie durch Ferngläser in den
Himmel. Die Luft duftete nach Rosen und würzigen Tannen.
Die Grillen zirpten. In der Ferne muhten Kühe. Die Umrisse

der Tannenbäume waren gerade noch zu erkennen. In diesem Moment blieb die Zeit für mich stehen.

Ich war in eine idyllische Traumwelt getaucht, in der es nur den lauen Abend, die funkelnden Sterne und das frische Brot gab.

Mitten in der Nacht macht es einen lauten Knall. Ich erschrecke und setze mich im Bett auf. Mein Herz rast. »Was war das?«, flüstere ich Petra zu, die jetzt auch kerzengerade in ihrem Bett sitzt. »Das war Donner«, flüstert sie zurück. Ein Blitz zuckt auf. Das Zimmer wird ganz hell. Ich sehe, dass die anderen Kinder auch Angst haben wie ich. Der Wind rüttelt an den Fenstern, und der Regen prasselt auf die Terrasse. Manche Kinder wimmern ein bisschen oder weinen. Ich bin aber nicht so zimperlich. Schwester Liguria kommt ins Zimmer gerannt und macht die Fenster und Terrassentüren zu. »Kinder, seid ruhig. Es ist nur ein Gewitter, das bald wieder vorbeizieht.« Es kracht wieder, nun noch lauter. »Ich habe Angst«, ruft jemand. »Ihr braucht keine Angst zu haben, Kinder«, antwortet die Schwester.

»Jetzt passt einmal gut auf«, sagt sie ganz ruhig. »Ihr müsst nur ganz still liegen und dürft eure Eisenbetten mit keinem Körperteil berühren, sonst fliegt ihr durch die Luft und bleibt an der Decke hängen!« Sie schwingt ihren Arm und zeigt nach oben. »So, jetzt schlaft wieder, und morgen ist alles vorbei.«

Schwester Liguria wartet. Als es wieder ganz still ist, geht sie.

Ich liege stocksteif auf meinem Bett und rühre mich nicht. Was wird passieren, wenn ich aus Versehen das Eisenbett berühre? Werde ich dann wie eine Fliege auf einem Fliegenfänger an der Decke kleben bleiben und verhungern? Der Regen trommelt ans Fenster, und ein neuer Blitz zuckt auf. Kurz darauf donnert es wieder so laut, als ob das ganze Haus zusammenkrachen würde.

Ich presse meine Arme fest an meinen Körper. Ich habe Angst, mich zu bewegen.

Ich wache auf. Die Sonne scheint wieder. Das Gewitter ist vorbei. Ich bin ganz steif. Aber ich hänge nicht an der Decke! Und die anderen Kinder sind auch alle in ihren Betten. Das freut mich.

Draußen gibt es komische Geräusche – wie Kratzen auf einer Schiefertafel. Ich renne mit den Kindern ans Fenster. Es hat geschneit! Kleine Kugeln glitzern in der Sonne wie Sterne, die vom Himmel gefallen sind. Schwester Liguria hat grüne Gummistiefel an. Die kann ich unter ihrer hochgehobenen Kutte sehen. »Es hat gehagelt«, sagt sie und stapft durch den Schnee. Mit einer Schaufel hebt sie die Hagelkörner in einen großen Eimer. Der Hausmeister muss alles über den Terrassenrand schütten.

Das muss ich Jörgi erzählen! Ob er mir das glaubt? Ich bekomme ein mulmiges Gefühl im Bauch. Ich habe noch nichts von Mutti und Vati gehört! Ist das Baby schon auf der Welt? Vielleicht muss ich ja doch für immer hierbleiben?!

Sonntags war in der Kinderklinik Besuchstag. Eltern und Verwandte, meist in Sonntagskleidern, erschienen mit Taschen, die voll beladen waren mit Geschenken, Süßigkeiten und Päckchen vom Konditor, mit Obstkuchen und Haselnusstorte oder anderen Leckereien. Bei schönem Wetter saßen sie mit ihren Kindern unten auf der Terrasse oder gingen im Park spazieren. Bei schlechtem Wetter machten sie es sich in der Eingangshalle oder im Speisesaal gemütlich. Sehnsüchtig blickte ich den Kindern nach, die von ihren Eltern abgeholt wurden.

An diesem Sonntag nieselte es ab und zu, dann schaute die Sonne wieder aus den Wolken hervor.

Petra und ich waren alleine im Schlafsaal. Ich saß auf meinem

Bett und hielt eine Clownpuppe aus Stoff mit einem weißen Gesicht und dicken roten Lippen in der Hand. Der Clown trug einen spitzen gelben Hut und hatte einen grün-rot karierten Anzug mit schwarzen Knöpfen an. Ich wirbelte ihn durch die Luft, und er blieb auf meinem Kissen liegen. Von unten kam das Gemurmel der Besucher. Die ganze Klinik roch nach Kaffee und Kuchen.

Petra lag auf ihrem Bett und las wieder ein Buch. Sie war Einzelkind und wohnte mit ihren Eltern in Hamburg. Sie hatte mir erzählt, dass sie nach dem Sommer schon in die vierte Klasse käme.

»Ich habe jetzt genug gelesen«, sagt Petra und springt aus ihrem Bett. »Komm, wir gehen irgendwohin!«

»Was passiert, wenn Schwester Liguria uns sieht?«, frage ich und schaue zur Tür.

»Mach dir keine Sorgen, Kerstin«, antwortet Petra. »Gestern habe ich gehört wie Schwester Gundula gesagt hat, dass Schwester Liguria für ein paar Tage verreist ist.«

»Was für ein Glück!«, antworte ich und schleudere den Clown quer durch das Zimmer. Er landet auf einem anderen Bett.

»Ich habe eine Idee«, sagt Petra. »Lass uns in den vierten Stock gehen. Von dort aus können wir vielleicht die Berge sehen.«

»In den vierten Stock?«, frage ich erstaunt. Da war ich noch nie. Da dürfen wir nicht hin.

»Ja! Komm! Es sieht uns schon keiner«, ruft Petra und zieht mich den Flur entlang.

Wir schleichen am Schwesternzimmer vorbei und klettern die Treppe hoch. Im dritten Stock stehen ein paar Schwestern und reden über das Wetter. Sie sehen uns nicht. Meine Beine sind wie

Gummi. Oben im vierten Stock ist ein Vorraum, in dem nur ein paar Stühle stehen. Und ein Kreuz hängt an der Wand.

»Kerstin, ich erzähl dir ein Geheimnis«, flüstert Petra mir ins Ohr. »Weißt du, dass hier die Kinder liegen, die schon oft zu Hause waren. Dann werden sie immer wieder krank und müssen hierher zurückkommen. Und manche müssen sogar ihr ganzes Leben hier bleiben!«

»Oh nein«, flüstere ich. Ich bin geschockt. Etwas Schweres legt sich wie Eisen auf mein Herz.

Wir klettern auf einen Stuhl und schauen aus dem Fenster. Über dem Tal hängt der Nebel, aber über den Bergen scheint die Sonne. Jemand hustet laut und trocken und macht komische Geräusche, wie wenn man keine Luft bekommt. Ich bekomme Angst. Schnell springe ich vom Stuhl.

Jemand sagt: »Ich werde sofort einen Arzt holen!« Durch die milchige Glastür kommt eine Person auf mich zu.

Petra und ich rennen, so schnell wir können, die Treppe hinunter. Atemlos fallen wir im Schlafsaal auf unsere Betten. Ich starre in die Luft und warte, bis mein Herz aufhört, so wild zu pochen. Meine Augen fallen zu.

Ganz kurz sehe ich ein Bild vor mir: Der Maler winkt mir zu. Mir wird es warm im Herz. Ich mache die Augen wieder auf und weiß jetzt ganz sicher: Ich werde niemals zu den Kindern im vierten Stock gehören!

Schwester Gundula kommt plötzlich ins Zimmer gerannt.

»Kerstin, ich habe dich schon überall gesucht. Wo wart ihr denn? Du hast ein kleines Schwesterchen bekommen! Sie heißt Anja. Deiner Mutti und dem Baby geht es gut. Sie sind beide gesund.«

Meine Schwester kam am 16. Juni 1965 auf die Welt. Ich hatte den Wettbewerb verloren, doch eine Schwester gewonnen.
Drei Wochen später, am 9. August, holte mich die Sozialarbeiterin wieder in der Kinderklinik ab und brachte mich für immer nach Hause.

Bis zu meinem zehnten oder elften Lebensjahr wurden meine Lungen jährlich im Gesundheitsamt geröntgt. Jedes Mal fiel das Resultat gut aus. Ich hatte großes Glück, denn in den Händen der sehr guten und kompetenten Ärzte in der Kinderklinik war meine Tuberkulose vollkommen ausgeheilt. Meine Lungen vernarbten mit der Zeit.
Seelische und psychische Wunden blieben im Verborgenen zurück.

Kerstin und Jörgi beim Schlittenfahren in Worms
»Prinzregent-Luitpold-Kinderheilstätte« in Scheidegg im Allgäu

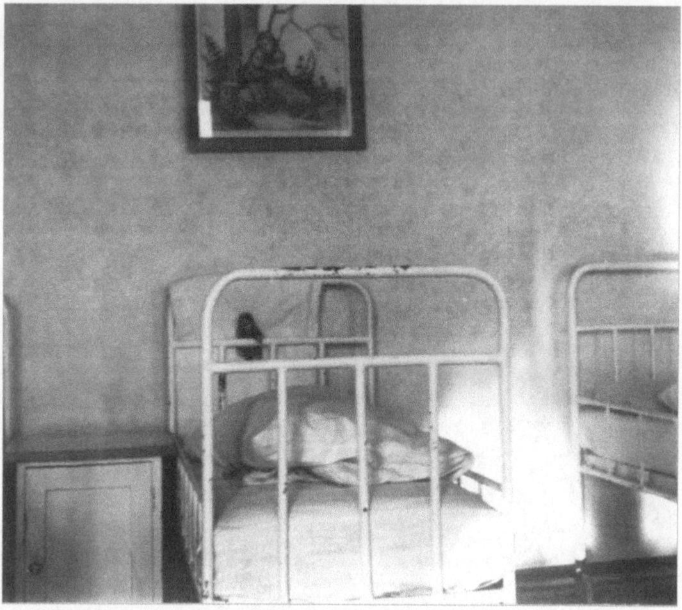

Ganz in Weiß: Mädchenschlafsaal mit Kerstins Gitterbettchen
Jörgi füttert seine kleine Schwester mit Haferflockensuppe

Weihnachten 1963: Kerstin und Jörgi mit Mütze und Mäntelchen
staunend vor den weihnachtlichen Gabentischen in der Klinik

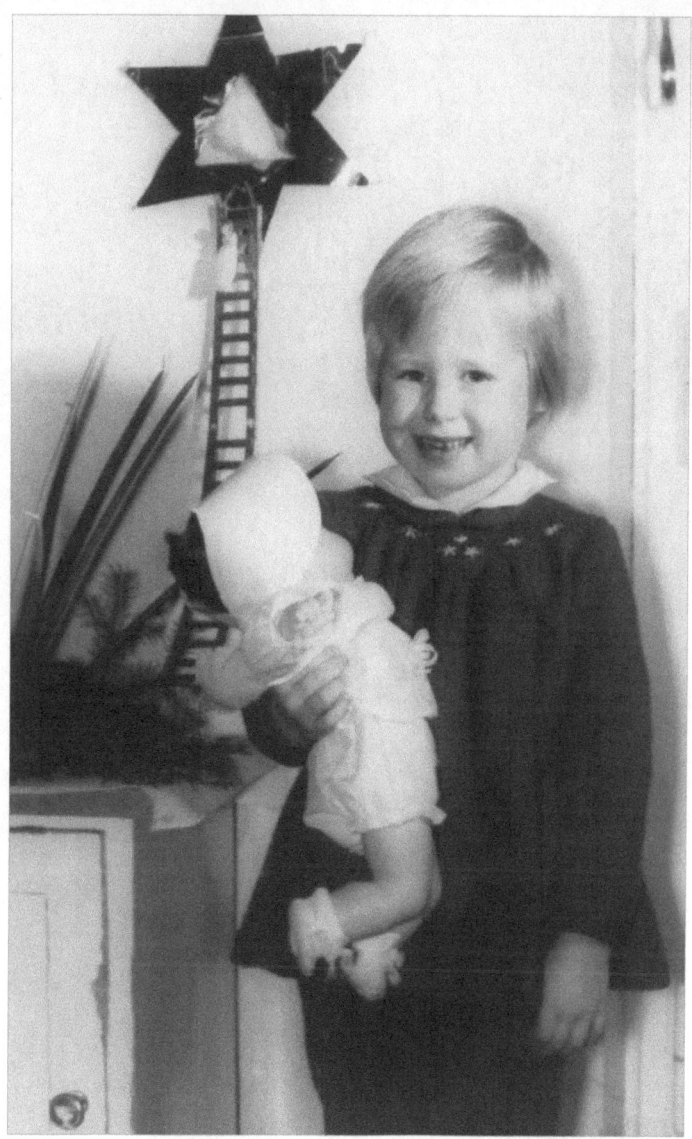

Für das Weihnachtsfoto drückte der Fotograf jedes Jahr den Mädchen
eine Puppe in den Arm und den Jungen ein rotes Holzauto.
Auf der Kommode die Himmelsleiter mit Engelchen und Glanzstern

Lachen oder weinen?
In der Pension in Scheidegg darf Kerstin über die Weihnachtstage
mit Bruder und Eltern nur tagsüber beisammen sein

»Bitte lächeln« für Vati auf dem Balkon der Pension

Der Fußweg zur Kinderklinik ist steil und eisig;
Kerstin lässt sich am liebsten von Mutti tragen

Zwischen Mutti und Jörgi auf dem Schlitten eingekuschelt
und mit dem geliebten Steiff-Kätzchen im Arm

Fastnacht 1964: Kerstin ist der kleine Zwerg mit Bart und Zipfelmütze

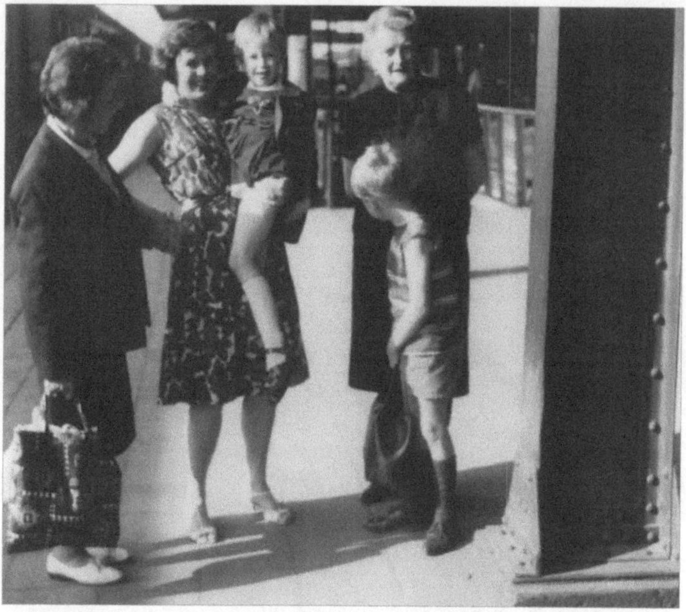

August 1965, Bahnhof in Worms: Kerstins Heimkehr von der Klinik-Nachkur. Von links: Sozialarbeiterin, Mutti mit Kerstin, Omi väterlicherseits, Charlotte Wiebe, und Jörgi, der dem Zug nachschaut

Jörgis erster Schultag mit Kerstin im Herbst 1965

Und wieder lächeln: Osterglockengruß zum Muttertag, 1964

Kapitel 11: Kindheitstrauma

»Mein kleines Herz muss in viele Teile zerbrochen sein«

Im Herbst 1997, nur ein paar Monate nach dem tief ergreifenden Ereignis in der Kirche, habe ich einen Termin bei der Psychologin Dr. Anne Pennington. Es ist nicht ungewöhnlich, dass die Probleme der Kinder ihre Eltern zu einer Psychotherapie bringen. Unsere zehnjährige Tochter Lisa hat derzeit akute Schlafstörungen. Bei einem Elterngespräch mit Dr. Pennington ist mir bewusst geworden, dass auch ich Hilfe brauche.

Meine Symptome sind im Laufe der Jahre zu einer langen Liste angeschwollen: Gefühle der Trauer und Leere, Angstzustände und Panik, Depressionen und – wie auch meine Tochter – Schlafstörungen. Dazu plagen mich starke Umweltallergien, die oft zu Müdigkeit und Stirnhöhleninfektionen führen. Lisas Behandlung ist abgeschlossen. Nun beginnt die Aufarbeitung meines Traumas. Ich bekomme einen wöchentlichen Termin am Morgen, wenn die Kinder in der Schule sind. Von unserem Haus aus kann ich zu Fuß zu ihrem Büro in der Stadt gehen.

Als Kinderpsychologin hat sich Dr. Pennington auf Kindheitstraumata spezialisiert, doch sie behandelt auch Erwachsene. Sie bietet mir an, sie mit *Anne* anzusprechen. Sie ist etwas älter als ich, von mittlerer Größe, trägt ein braunes Kleid mit einem grünen Halstuch und hat halblange dunkelblonde Haare. Auf mich wirkt sie auf Anhieb sympathisch. Sie hat die Präsenz einer Frau, die in sich selbst gefestigt ist. Dass das Leben auch sie geprägt zu haben scheint, sehe ich an einigen Falten in ihrem Gesicht.

Für mich ist all das wichtig, denn ich war noch nie in psychologischer Betreuung und bin sehr nervös.

»Sie leiden an posttraumatischen Belastungsstörungen«, sagt Anne zu mir in unserer ersten Sitzung, nachdem ich ihr von meiner Erkrankung an TB und der langen Zeit in der Kinderheilstätte erzählt habe. Ich sinke tiefer in die weiche Ledercouch. Mein Körper entspannt sich. Bis dahin hatte ich nur eine ganz vage Vorstellung, dass meine psychischen Probleme vielleicht etwas mit meinem Kindheitstrauma zu tun haben könnten.

Die Klarheit der Diagnose wirkt beruhigend auf mich.

Ich bin nicht schwach; es liegt nicht an mir, dass ich Angst habe alleine zu schlafen, wenn Richard geschäftlich unterwegs ist, und dass ich in Panik versetzt werde, wenn bei ihm irgendwelche gesundheitlichen Probleme auftreten. Jetzt ahne ich, warum ich mich oft gereizt und überfordert fühle und warum ich meine Arbeit als Französischlehrerin aufgeben musste, weil der Stresspegel zu hoch war.

Bei Dr. Pennington bin ich in guten Händen. Von Anfang an fallen die Schranken wie von selbst. Oft ist ihre Stimme so sanft, als ob sie mit dem kleinen Mädchen in mir sprechen würde. Dann beugt sie sich nach vorne und schaut mich fürsorglich an. Zuerst beschreibe ich ein paar Erinnerungsfetzen von meiner Zeit in der Kinderklinik. Lücken fülle ich mit den wenigen Erzählungen meiner Eltern aus. Ich berichte von dem Fotoalbum mit den Schwarz-Weiß-Aufnahmen, das ich mir in meiner Kindheit ohne Regung irgendwelcher Gefühle anschauen konnte, ein klares Zeichen, dass ich mich von dem Erlebten emotional abgespalten hatte. Weiterhin erzähle ich Anne, es gäbe ein paar reizende Fotos von mir und meinem Bruder auf einer Decke im Wald sitzend. Auf einem anderen Bild füttere er mich. Anne sagt, meine Eltern sollten mir doch die Fotos schicken, und ich sollte sie in die Therapiestunden mitbringen.

Eine Woche später, mit Anne neben mir auf der Couch, betrachte ich ein Foto, das mein Vater bei dem Weihnachtsbesuch 1963 gemacht haben muss: Warm angezogen mit einer Wollmütze auf dem Kopf, sitze ich zwischen Mutti und Jörgi auf einem Schlitten im tiefen Schnee. Wir drei lachen fröhlich. Mutti hat ihren Arm um mich gelegt. Ich habe mich eng an sie geschmiegt. Auf dem Schoß halte ich ein Steiff-Kätzchen. Das Bild spricht von Geborgenheit und Sicherheit.

Unter Schluchzen bringe ich nur ein paar Worte hervor, mein Körper bebt. Es ist das liebevoll ausgesuchte Plüschtier, das eine neue Flut von Emotionen auslöst, die mich zu überschwemmen drohen. Nur dieses Kätzchen war mir damals geblieben.

Anne empfängt meine Trauer und hält sie in dem Raum zwischen uns. Sie braucht mich nur anzuschauen, und die Tränen fließen schon wieder. Ein weiteres Bild wühlt mich auf: Bei einem Besuch bei meinen Eltern in der Pension stehe ich auf der Terrasse an einer hölzernen Bank, den Kopf in meine Hand gelehnt. Auf den ersten Blick sieht es so aus, als ob ich lache, doch wenn man genauer hinschaut, merkt man, wie einsam und verlassen ich bin. Auf anderen Bildern sehe ich sehr brav aus, mein kleines Gesicht maskenhaft erstarrt.

Wir sprechen von meiner Anpassung an die strengen Regeln der Schwestern. Eine Erinnerung drängt hoch:

»*Wir sind im Speisesaal. Eine Schwester schimpft mit mir und sagt, ich soll mein Frühstück auf dem Boden essen. Sie schiebt meinen Stuhl vom Tisch weg und stellt meinen Teller darauf. Dann zeigt sie auf die schwarz-weiß karierten Bodenkacheln. Ich merke, wie ich knallrot werde. Alle Augen sind auf mich gerichtet.*

Ich sitze auf dem kalten Boden im Schneidersitz und würge mein Brot hinunter.«

Anne ist entsetzt. »Weißt du noch, was du angestellt hast?« Doch ich habe keinen Schimmer davon: »Ich kann es mir überhaupt nicht vorstellen. Ich war doch immer so brav.«

»Ja, das waren wohl damals die Erziehungsmethoden«, seufzt Anne. In diesem Zusammenhang erinnere ich mich noch an etwas, als ob es gestern passiert wäre:

»Nicht lange nach meiner Rückkehr im August 1964 bringt mich meine Mutter eines Tages in den Kindergarten in Worms. Ich will Mutti nicht loslassen. Unsere Kindergärtnerin, Tante Waltraut, führt mich in das Spielzimmer. Dort sitzen schon viele Kinder an den niedrigen Tischen und basteln. Alle Augen sind auf mich gerichtet.

In diesem Moment wird alles um mich herum still. Die Kinder in dem Kindergartenzimmer sind weit weggerutscht, wie in einem Film. Das alles dauert vielleicht nur ein paar Sekunden – doch als ich aus meiner Trance herauskomme, weiß ich genau, dass ich immer anders sein werde als diese Kinder. Keines dieser Kinder war so lange in einer Kinderklinik gewesen wie ich. Nur mein Bruder konnte diese Erfahrung mit mir teilen.«

»Unglaublich, dass du als fünfjähriges Kind schon solch eine Einsicht gehabt hast«, fügt Anne hinzu. »Diese Erfahrung hat dir die Distanz, die Abspaltung von den anderen Kindern gezeigt. Vielleicht hattest du dich so im Kinderheim erfahren, und der Kindergarten hat dich unbewusst wieder in die gleiche traumatische Situation versetzt. Wahrscheinlich hast du auch auf eine neue, von dir empfundene Trennung von deiner Mutter reagiert, und konntest nicht einordnen, dass sie dich bald wieder abholen würde.«

Mir wird bewusst, wie oft ich diese Distanz auch in alltäglichen Situationen, wenn ich neue Menschen treffe, spüre, und mich schnell als Außenseiter empfinde. Wie weit sich doch mein Kindheitstrauma in mein erwachsenes Leben eingeschlichen hat.

Anne stellt auch eine mögliche Verbindung mit der Bestrafung im Speisesaal her und spricht von einer Dissoziation, bei der man weit weg von dem Geschehenen sein könne, ohne sich selbst zu spüren. Meine Psyche sei überfordert gewesen und hätte die damit verbundenen Gefühle, wie etwa die Scham, nicht integrieren können.

Ich zeige Anne weitere Bilder. Auf dem Weihnachtsfoto der Kinderklinik erkenne ich mich gar nicht wieder. Anne bemerkt meine tiefe Entfremdung zu mir selbst.

»Ich war doch immer so spitzbübisch!«, erkläre ich ihr und werde dabei etwas wütend. Ungewöhnlich für mich. Es ist viel leichter, zu weinen und Trauer zu empfinden, als die Wut auf meine Eltern, die mich – ohne ihre Schuld – verlassen haben.

Anne reflektiert meine Gefühle, damit ich mich bestätigt fühle und sie verinnerlichen kann. Anhand der Bilder stellt Anne mir vorsichtige Fragen. Langsam tasten wir uns zurück zu meiner Geschichte. Oft ist sie still und wartet auf Bemerkungen von mir, die ihr erlauben, tiefer zu gehen.

Mir fällt ein, was mir meine Mutter einmal erzählt hat, warum ihre TB-Heilstätte und die ihrer Kinder so weit voneinander. entfernt sein mussten – bei uns immerhin mehr als drei Stunden Fahrt:

Eine Mutter sollte sich, um ihre eigene Genesung nicht zu gefährden, nicht aufregen wegen ihres Kindes – das war die damalige Einstellung der Gesundheitsbehörden.

Mir erscheint das heute völlig unvorstellbar. Anne fragt, ob ich denn wenigstens Fotos von meiner Familie in der Kinderklinik gehabt hätte, doch ich kann mich an keine erinnern.

Über frühkindliche Bindungsstörungen werden wir erst viel später sprechen. Dann wird Anne mir von dem Kinderpsychiater John Bowlby erzählen, der in den 1950er Jahren die Bindungstheorien entwickelt und lange Trennungen von Kleinkindern zu einer Bezugsperson recherchiert hat.

Dabei hatte er drei Phasen festgestellt: Protest, Verzweiflung, Distanz. In der letzten Phase mache es den Anschein, als ob sich das Kind gut angepasst hätte. Doch der Schein trüge. Es hätte eine Schutzmauer um sich herum gebaut und niemanden mehr nahe an sich heranlassen wollen. Das erklärt vielleicht auch die Kommentare der Ärzte in den Briefen, nach denen ich mich »gut eingelebt« hätte, »quicklebendig und stets fröhlich« sei.

Eins ist jetzt schon klar: Ich habe mich sehr an Anne gewöhnt und kann es kaum erwarten, sie in der folgenden Woche wiederzusehen.

Ich entwickle eine starke Mutterübertragung, denn als Therapeutin bildet sie eine Brücke zu meiner Mutter, die ich so lange in einem kritischen Alter der Entwicklung hatte entbehren müssen. Für die dreijährige Kerstin in mir wird Anne Mutterersatz. Die Gefühle, die eigentlich für meine Mutter bestimmt sind, übertrage ich unbewusst auf sie.

Doch diese Zusammenhänge verstehe ich erst ein paar Jahre später, als ich selbst Psychotherapeutin werde.

Das Leben geht derweil weiter wie bisher. Madison ist weihnachtlich geschmückt. Lichtergirlanden sind um die Äste der blätterlosen Bäume an der Main Street gewickelt und funkeln in der Nacht. Tannenkränze, ein jeder mit einer roten Schleife

verziert, hängen an etwas altertümlich wirkenden Laternen-
pfählen entlang der Hauptstraße. In unserem Esszimmer hat
Richard traditionsgemäß das kleine Weihnachtsdorf, das er von
seiner Großtante geerbt hat, mit den Kindern aufgestellt. Ich
habe den Adventskalender mit Süßigkeiten gefüllt. Den Wandbehang mit den roten Filzherzen hatte meine Mutter einmal für
die Kinder geschickt.

Ich versuche, so gut ich kann, vor meinen Kindern die starken
Gefühle zu verbergen, die in mir zwischen den Therapiestunden
aufwallen. Dafür fließen die Emotionen in Gedichte, die ich
fast täglich schreibe – um mich von Lasten zu befreien und um
etwas Schönes daraus zu machen. Meine Kinder geben mir in
dieser Zeit viel Trost, und Richard, der selber gerne schreibt, ist
jederzeit bereit, sich meine Gedichte anzuhören. Bei ihm kann
ich mich ausweinen, ohne Angst haben zu müssen, ihn damit
zu sehr zu belasten.

Außerhalb meiner Familie fühle ich mich oft einsam. Ich vermisse den Kontakt mit Gleichgesinnten von der Universität, an
der ich studiert und Französisch unterrichtet habe. Mir fällt es
schwer, bei den Müttern am Ort Anschluss zu finden.

Ich komme aus einem anderen Land und einer anderen Kultur.
Zudem bin ich tief in die Aufarbeitung meines Traumas ver-
wickelt. Wer hätte das verstehen können.

Erst später, als meine therapeutische Heilung vorangeschritten
ist, finde ich ein paar nette Freundinnen und fühle mich sicher
genug, um tiefere Freundschaftsbeziehungen einzugehen.

Dafür bin ich Anne gegenüber sehr anhänglich geworden. Die
Abstände zwischen den Therapiestunden können mir manchmal zur Qual werden. Ich empfinde sie als lang und schmerz-
lich. An einem grauen, verschneiten Morgen laufe ich den Berg

hinunter in den Ort zur Post, um meine Weihnachtsbriefe rechtzeitig nach Deutschland abzuschicken.

Es ist nasskalt, die Straßen sind matschig. Trotz warmer Jacke, Wollmütze und Handschuhen fröstele ich. Schneeflocken landen auf meiner Nase. Menschen hasten an mir vorbei. Plötzlich fühle ich mich unendlich einsam. Ich halte Ausschau nach Annes Gesicht – vielleicht würde sie mir ja einfach über den Weg laufen? Doch ich treffe sie nicht und auch sonst niemanden, den ich kenne. Mein Herz ist schwer, als ich auf dem Weg nach Hause den Berg hinaufstapfe. Dort schreibe ich ein Gedicht:

> Ich sehe dein Gesicht
> in den Margeriten am Wegesrand,
> kleine Sonnen, ein warmer Kern,
> weiße Blütenblätter duften
> und strecken sich mir entgegen,
> dann fegt der Wind sie weg
>
> Ich sehe dein Gesicht
> in der Sonne, die hinter den Bergen
> in rosarotem Pink untergeht,
> eine Landschaft von glänzenden Türmen,
> dann wird es kalt, dunkel und still
>
> Ich sehe dein Gesicht
> im runden Brotlaib vor dem Schlaf
> dicke Kruste, warme Scheiben voller Leben,
> ein lauer Sommerabend,
> Hoffnung – dann wird es Nacht

Als ich Anne das Gedicht einen Tag später vorlese, zittert meine Stimme. Ich bin mir bewusst, dass ich durch meine Worte das Gesicht meiner Mutter hervorgerufen habe. Der Schmerz,

Anne nicht begegnet zu sein, hat mich wieder in das verlassene Kind auf der Suche nach seiner Mutter zurückversetzt.

Anne ist gerührt. »Wie warm und kraftvoll die Bilder sind, die du mit deiner Mutter verbindest«, sagt sie so einfühlsam, dass mir gleich wieder Tränen in die Augen steigen. Die Trauer um den Verlust meiner Mutter scheint schier endlos. Mein kleines Herz muss in viele Teile zerbrochen sein.

Ein wichtiger Bestandteil unserer therapeutischen Arbeit werden auch die Briefe der Klinikleitung an meine Eltern. Mein Vater hatte sie für mich vor langer Zeit sorgfältig in einer braunen Mappe abgelegt.

Ich kann die Mappe nirgendwo im Haus finden. Dann, einige Zeit später, als ich auf dem Speicher für meine Tochter Janine ein Halloweenkostüm – das Schneewittchenkleid – suche, sehe ich zufällig eine verstaubte Kiste mit der Aufschrift »Deutsche Bücher«.

Ich öffne sie, und unter einem Stapel von Kindheits- und Jugendbüchern entdecke ich die braune Mappe. Langsam lese ich die Briefe und Karten mit Tränen in den Augen. Es soll noch einen Monat dauern, bis ich endlich den Mut fasse, sie für Anne ins Englische zu übersetzen.

Ich gebe Anne Kopien der Briefe und Karten. Doch sie möchte, dass ich ihr alles selbst vorlese. Oft muss ich innehalten, weil meine Stimme bricht. Mir wird bewusst, wie bedrohlich mein gesundheitlicher Zustand damals gewesen war. Am 30. Juli 1963 schrieb der mich behandelnde Arzt bezüglich meiner Diagnose an meine Eltern:

»Wir haben sofort eine intensive, kombinierte tuberkulostatische Therapie eingeleitet. Trotzdem ist bei der gefährdeten Altersstufe in Anbetracht des ausgedehnten Befundes wohl

sicher mit einem sechs- bis achtmonatigen stationären Kur-
aufenthalt der Kleinen zu rechnen ...«

Ich kann mir den Schock vorstellen, den meine Eltern bei dieser
Nachricht erlitten haben müssen. Aber mein Herz blutet auch
für die kleine, zerbrechliche Kerstin. Ich möchte sie am liebsten
in den Arm nehmen.

Der gleiche Brief endet mit den folgenden, sehr hoffnungs-
vollen Worten:

»Beide Kinder haben sich erfreulicherweise sehr gut eingelebt.
Sie machen uns allen durch ihr liebes, aufgeschlossenes Wesen
sehr viel Freude und haben auch netten Kontakt mit ihren
Zimmergefährten. Sie sind beide sehr vergnügt und fröhlich, so
dass Sie in keiner Weise besorgt zu sein brauchen.«

Anne zweifelt: »Fraglich ist, inwieweit die Beobachtungen des
Arztes stimmen.«

War unser »vergnügtes« Verhalten nur ein Schutzmechanismus?
Ein nach Außen hin gespieltes gutes Benehmen? Schreiben
Ärzte allgemein ähnliche Bemerkungen, um die Eltern zu
beruhigen? Aber vielleicht konnten wir auch fröhlich, vielleicht
sogar unbekümmert sein, solange wir einander noch hatten.

Anne fragt, ob ich irgendwelche Erinnerungen an den Abschied
von meinem Bruder hätte. Ich erinnere mich nur an unsere
Indianerspiele im Wald. Dabei spüre ich einen so überwältigen-
den Schmerz, dass ich – nach vorne gebeugt, meinen Kopf auf
Arme und Knie gelehnt – hemmungslos anfange zu weinen.
Irgendwann wische ich mir erschöpft die Tränen aus den
Augen. »Dein Bruder war dein einziges Bindeglied zu deinem
Zuhause«, sagt Anne leise, fast zärtlich. »Wie du ihn beschreibst,
war er sehr fürsorglich. Solange er bei dir war, musst du dich
sicher gefühlt haben.«

»Ja, mein Bruder war mein Beschützer und Freund«, schluchze ich erneut auf. Daran hat sich auch später und bis heute nichts geändert. Als ich an unsere vielen gemeinsamen Jugendabenteuer denke, muss ich ein wenig lächeln.

Ich finde es interessant, dass die Bemerkungen des Chefarztes nichts von meinem Schmerz reflektieren. Vielleicht hatte ich meinen abgrundtiefen Kummer ja auch nicht gezeigt.

Am 8. Oktober 1963 schreibt er unter anderem an meine Mutter: »Erfreulicherweise können wir Ihnen sagen, dass Ihre Kleine quicklebendig und stets fröhlich ist. Den Abschied von Hans-Jörg hat sie ohne Schwierigkeiten überstanden. Sie macht uns allen durch ihr zutrauliches, liebes Wesen viel Freude.«

Zweifellos sei ich sehr anpassungsfähig gewesen, bestimmt auch, um nicht aufzufallen, meint Anne. Bemerkenswert sei aber auch der freundliche und liebevolle, fast familiäre Ton des Arztes. Um die schwere Stimmung etwas zu heben, sprechen wir von den schönen Tannenwäldern im Allgäu.

»Ich sehe mich als kleines Mädchen umgeben von hohen Farnpflanzen, fast so groß wie ich.« Ich lächle wieder.

»Du scheinst sehr mit der Natur verbunden gewesen zu sein«, meint Anne und streicht sich dabei eine Strähne aus dem Gesicht. Sie trägt heute einen weinroten Rock und eine mit kleinen Blümchen verzierte weiße Bluse unter einer bequemen, farblich passenden Strickjacke. Anne wirkt auf mich sehr bodenständig.

»Damit kann ich mich auch identifizieren«, sagt sie und etwas schwärmerisch weiter: »Ich bin in New Hampshire aufgewachsen. Seit meiner Kindheit und Jugend kenne ich die dichten Wälder und kristallblauen Seen, die Farbenpracht im Herbst. Unglaublich!«

Ich höre gespannt zu. Nur selten spricht Anne von sich selbst. Für einen Augenblick lässt sie mich mit ihren Augen ihre Welt sehen. Das fühlt sich gut an und vertieft unsere Bindung.

Nach dieser Therapiestunde fließt ein neues Gedicht aus mir:

Du bist mein Baum

Wenn ich rastlos bin
Gibst du mir deine Wurzeln.

Wenn ich Angst habe
Schützt du mich mit deiner Rinde.

Wenn ich den Himmel nicht sehen kann
Reichst du mir deine Äste.

Wenn ich einsam bin
Bedeckst du mich mit deinen Blättern

Wenn ich mich nach dem Wald sehne
Bist du mein Baum.

Als ich ihr das Gedicht vorlese, sagt Anne gerührt: »Der Baum symbolisiert das Mutterbild für dich. Ich höre die Kinderstimme, die das Gedicht singt wie ein Lied.«

Mein neu gefundener, kreativer Ausdruck gibt mir Kraft und Mut. Annes Anerkennung macht mich stolz, denn mein Selbstbewusstsein ist schon lange gedrückt. Am Ende dieser Stunde spricht Anne in mütterlich klarem Ton die für mich so bedeutungsvollen und folgenreichen Worte:

»Kerstin, du musst zu der Kinderklinik zurückkehren. Nur so wirst du wirklich heilen können.«

Kapitel 12: Rückkehr

»Hier, genau hier, muss ich als Kind gesessen haben«

»Es ist jetzt bestimmt nicht mehr weit.« Mein Kopf ist über eine Landkarte gebeugt, während Richard unseren Mietwagen durch einen dichten Wald steuert. Die Straße geht in Serpentinen den Berg hoch.

»Schau! Dort steht schon ›Scheidegg‹!«, sage ich aufgeregt und sitze jetzt kerzengerade auf dem Beifahrersitz. »Im hiesigen Dialekt soll das ›kleine Wiese‹ bedeuten. Das habe ich in einem Reiseführer gelesen.«

Richard hält auf der mit Schotter belegten Seitenspur neben dem handgeschnitzten Schild an. Rote Buchstaben sind auf eine grüne Fläche gemalt, umrandet von Tannen mit bunten Blumen. »Ich möchte hier ein Bild von dir machen«, sagt er und nimmt schwungvoll die Kamera aus der Tasche. Auch er ist voller Spannung auf unsere Entdeckungsreise. Wir steigen wieder ins Auto. Nach einer Weile lichtet sich der Wald, und wir fahren an Feldern vorbei auf den Ort zu. Der weiße Kirchturm ist schon von Weitem zu sehen. Bauernhäuser liegen eingebettet in die hügelige Landschaft, die in saftigem Grün unter dem strahlend blauen Himmel schimmert. Die Luft ist so klar, das Bild vor uns sieht mit seinen klaren Umrissen aus wie eine Postkarte. Mein Blick schweift über die Felder.

Ich kann es noch gar nicht glauben, dass ich mich jetzt wirklich zu dieser Reise zurück zur Kinderklinik gewagt habe. Es ist Juli 1998, und fast ein ganzes Jahr intensiver Traumaaufarbeitung liegt hinter mir. Vor nur zwei Tagen haben Richard und ich für unseren Nachtflug nach München in der hochklimatisierten Wartehalle am Flughafen in Newark gesessen. Ich zitterte und zog eine Strickjacke an. Dann schrieb ich in meinem Tagebuch, um meine Nerven zu beruhigen. Mein Kopf fühlte sich dösig an, nachdem ich die Nacht zuvor mit einer Beruhigungstablette überstanden hatte. Ich kam mir von mir entfremdet vor – so, als ob ich Kerstin beobachtete, die nervös in ihrer Tasche zum zehnten Mal nach ihrem Flugticket greift. Dazu war es in Newark in New Jersey sehr heiß und luftfeucht gewesen, ein Klima, das mir überhaupt nicht bekommt.

Doch hier im Allgäu atme ich tief ein und fülle meine Lungen mit der würzigen Luft.

Richard unterbricht meine Gedanken. »Wir kommen immer näher!« Er schaut mich von der Seite an. Ich vermute, mein Mann will sichergehen, dass ich in Ordnung bin. Seine Gegenwart beruhigt mich. »Wir sind nicht weit vom Zentrum entfernt«, sage ich erfreut, doch mein Mund ist trocken. Ich konzentriere mich wieder auf die Landkarte.

Auf einem Parkplatz neben einem Busbahnhof steigen wir aus. Ein paar Bänke und Blumenkübel mit roten Geranien und Efeu zieren den Bürgersteig. Klänge italienischer Musik dringen von einer Pizzeria herüber zu uns. Auf der anderen Seite der Straße erstreckt sich eine Fußgängerzone. Lange Holztische und Stühle stehen vor einem Gasthof. Gelächter von Wanderern, die dort sitzen und aus Bierkrügen trinken, schallt zu uns. Ansonsten ist alles ruhig an diesem Sonntagnachmittag. Ab und zu schlendern ein paar Kurgäste vorbei.

Richard entdeckt eine große Informationstafel. Ich bin sehr gespannt, ob wir dort den Namen der Kinderklinik finden werden. Vielleicht gibt es sie ja überhaupt nicht mehr? Als ich unsere Pension am Internet gebucht habe, ist es mir nicht eingefallen, auch nach der Klinik zu schauen. Allein die Vorbereitung auf die Rückkehr ist für mich schon so emotional gewesen, dass ich wohl bei der Planung noch nicht an den nächsten Schritt hatte denken können. Dass die Rückkehr an die Kinderklinik der Hauptbeweggrund meiner Reise ist, wird mir erst jetzt richtig bewusst.

Die Tafel zeigt eine Karte mit den Straßen des Ortes. Die Kliniken, Hotels und Pensionen sind je nach Lage und Nähe zum Ortskern nummeriert. Ich überfliege die Liste. Der Name fällt mir nicht gleich ins Auge. Doch da steht er. Ganz unten. »Prinzregent-Luitpold-Kinderklinik«.

Ich bin verblüfft. »Kaum zu glauben! Die Klinik gibt es ja wirklich noch!« Meine Stimme bebt. Mein Herz schlägt rasend.

Richard legt seinen Arm um meine Schulter. »Lass uns gleich dorthin fahren«, sagt er ruhig. Ich präge mir den Weg genau ein. Wir fahren die Hauptstraße entlang aus dem Ort hinaus und biegen in eine steile Seitenstraße, die durch ein Waldgebiet auf den Berg führt. Im Auto ist es warm, und ich strecke meinen Kopf aus dem Fenster hinaus. Der Fahrtwind bläst mir meine Haare ins Gesicht. Hinter der nächsten Kurve kommt uns ein Heuwagen entgegen. Er wird von zwei braunen Pferden gezogen, die mit ihrem Gespann den Berg hinuntertraben. Der Mann auf dem Kutscherbock hält die Zügel fest in der Hand. Hinter ihm sitzen Eltern mit ihren Kindern auf Strohballen.

Ich wundere mich. »Was mag hier wohl los sein?«

»Es sieht so aus wie ein Sommerfest oder etwas Ähnliches«, bemerkt Richard und schaut dabei konzentriert auf den Weg. Die Landkarte flattert offen auf meinem Schoß. Die Pferde traben mit wehenden Mähnen an uns vorüber. Ihre Hufe klicken metallisch auf dem Asphalt. Die Kinder jauchzen laut und stecken mich mit ihrer Freude an. Meine innere Anspannung ist für einen Moment gewichen. Was für eine schöne Begrüßung!

Wir verlassen den Wald und erreichen die Anhöhe. Die bergige Landschaft öffnet sich vor uns. Ein Stückchen müssen wir noch auf ebener Straße an Wiesen vorbeifahren. Dann taucht das große, weiße Gebäude vor uns auf; wir nähern uns langsam der Klinik.

Ich bin sprachlos. Sie sieht fast immer noch genauso aus wie das schwarz-weiße Gebäude auf der Postkarte in meinem Album. Ich hole tief Luft. Meine Hände werden feucht.

»Ja, das ist sie«, sage ich leise zu Richard, der jetzt langsam auf eine breite Parkfläche am Wegesrand zusteuert. Vor uns erstreckt sich ein atemberaubendes Panorama aus Feldern und grünen Hügeln, auf denen verstreut Bauernhöfe liegen. Ihre Ziegeldächer leuchten wie rote Farbtupfer vor dem Blau des Himmels, dem Grün der Wiesen, dem Gold der Felder und dem Grau der zerklüfteten Bergkette im Hintergrund.

Einige Wochen zuvor habe ich Karten für das Broadway-Musical »The Sound of Music« für Janine, unsere Zwölfjährige, und Lisa, unsere Elfjährige, und ihre Freundin gekauft. Es war eine Belohnung für gute Noten zum Ende des Schuljahres.

Als »Maria Climb Ev'ry Mountain« (Erklimme jeden Berg) gesungen hat, bin ich innerlich sehr weich geworden und habe gespürt, wie in mir eine Kraft emporgestiegen ist, die ich zuvor nicht gekannt habe.

In diesem Moment wusste ich, dass auch ich den Berg meiner Heilung erklimmen würde.

Die Sonne prallt auf unser Autodach. Ich bewege mich nicht. Mein Album mit den Bildern von mir als Kind in der Kinderklinik liegt schwer in meiner Tasche. Wir könnten immer noch umdrehen, kommt es mir in den Sinn. Ich fühle mich wie betäubt. Doch die Schönheit der Natur wirkt beruhigend auf mich.

Richard legt seine Hand auf mein Knie. »Bist du bereit?«

»Ich weiß es nicht«, erwidere ich leise. Tränen kommen langsam in mir hoch, und meine Beine werden schwach.

»Komm, lass uns gehen«, ermuntert Richard mich. Ich raffe meinen ganzen Mut zusammen. Das Knirschen der Kieselsteinchen unter unseren Füßen kommt meinen Ohren irgendwie vertraut vor.

Zu unserer Linken liegt eine Wiese, auf der Jungen in blauen T-Shirts Fußball spielen. Je näher wir der Klinik kommen, desto lauter werden die Stimmen; sie hallen von der Wiese vor der Klinik. Es scheint ein Sommerfest in vollem Gang zu sein.

Lange Holztische sind im Halbkreis aufgebaut. Dort tummeln sich Kinder mit ihren Eltern. Diverse Spiele werden angeboten, bei denen man Preise gewinnen kann. Ein Junge wirft mehrere Bälle gezielt in einen Eimer, bis das Wasser darin überschwappt. Rauch von gegrillten Würstchen zieht zu uns herüber und macht uns hungrig.

Ein paar ältere Frauen verteilen Getränke und Kuchenstücke. Kleine Kinder warten ungeduldig, bis sie an der Reihe sind, um sich Bildchen auf die Wangen malen zu lassen. Jugendliche sitzen etwas abseits auf einem Holztisch mit ihren Füßen auf den Bänken. Ein Transistorradio steht zwischen ihnen. Sie haben es laut aufgedreht und hören lässig und mit wippenden Beinen der laut schallenden Popmusik zu. Wahrscheinlich kommen sie sich schon zu groß für die Kinderspiele vor. Ich muss lächeln.

Vergebens suche ich nach der Steinmauer, an die ich mich jetzt verschwommen erinnern kann. Sie ist verschwunden – genauso wie die Schwestern und Ärzte in weißen Kutten, Flügelhauben und Kitteln. Der Kontrast zur Kinderklinik von damals hätte nicht größer sein können.

Wir sprechen eine Angestellte an und bekommen die Erlaubnis, uns kurz in der Eingangshalle umzuschauen.

Meine Beine werden noch schwächer, als wir das Gebäude betreten. Die Halle kommt mir irgendwie vertraut vor – aber auch viel kleiner, als ich sie in Erinnerung habe.

Die Wände sind in einem freundlichen Gelb gestrichen. Von der Decke hängt ein Mobile mit bunten Schmetterlingen aus Seidenpapier. Im Erker steht ein runder Tisch mit einer hellblauen Decke. Ein weißer Krug mit einem Strauß Margeriten, Glockenblumen und Butterblümchen thront darauf. Über dem Tisch hängt ein Poster. Eine Kinderhand hat dort einen Fußball gemalt, und darunter wird in großen bunten Buchstaben ein Spiel zwischen zwei Mannschaften angekündigt.

Für einen kurzen Moment schließe ich meine Augen, und ein alter Hauch Antiseptikum steigt mir in die Nase. Gegenüber erblicke ich den Türbogen, der zu einem Gang führt.

Damals ist mir der Flur endlos vorgekommen, als ich in meinem rotgestrickten Kleidchen auf Mutti zugelaufen und in ihre Arme gefallen bin. Ich hatte sie umarmt und keinen Ton herausgebracht. Wie sehr muss die kleine Kerstin damals von ihren Gefühlen überwältigt gewesen sein.

»Komm, lass uns gehen.« Die Worte kommen ein wenig krächzend aus meiner Kehle. Es wird mir auf einmal alles zu viel. »Ich muss an die frische Luft.«

»Ist alles ok?« Richard nimmt mich besorgt an die Hand.

»Ja schon! Ich brauche nur etwas Ruhe.«

Hinter der Klinik geht ein steiler Weg den Berg hinauf. Wir wissen nicht, wo er hinführt und folgen ihm trotzdem. Unter uns dröhnt vom Fußballplatz Musik aus zwei großen schwarzen Lautsprecherboxen von den Ecken des Platzes. Zwei Mannschaften stehen sich gegenüber, der Trainer bläst in die Trillerpfeife, und das Spiel beginnt. Die Zuschauer – vermutlich die Eltern und das Pflegepersonal – sitzen auf Bänken und feuern die Kinder an.

Wir lassen die Klinik langsam unter uns. Je höher wir steigen, desto ruhiger wird es um uns herum. Ein Windhauch streift durch die Blätter und bläst sanft über die Gräser der Wiesen, auf denen aufgerollte Heuballen verstreut liegen. Die Nachmittagssonne sticht heiß auf unsere Köpfe. Etwas erschöpft lassen wir uns auf einer Bank unter einem Lindenbaum nieder. Hier bietet sich uns eine unvergessliche Aussicht auf die Umgebung. Die Distanz zur Klinik tut mir jetzt gut.

Was bedeutet es, dass ich plötzlich wieder hier bin, an diesem Ort, der so viele schwere Erinnerungen trägt? Ich weiß es noch nicht. Ich bin erst am Anfang meiner Reise. Ich schaue in die Ferne und überlege, dass mein Kindheitstrauma für mich groß und fast unüberwindbar im Vordergrund steht. Doch der weite Blick in die Landschaft lässt mich ahnen, dass ich einen Weg finden werde, dieses Trauma in mein Leben einzugliedern. Es wird seinen Platz finden – wie die Berge in der Ferne, die Blümchen auf der Wiese, das Dorf im Tal.

»Da vorne ist wieder ein Waldgebiet. Da ist es bestimmt kühler als hier«, bemerkt Richard. Ich spüre Schweißperlen auf meiner Stirn. Richard zieht mich von der Bank hoch.

Wir erklimmen einen Weg, der sich entlang hoch aufragender Tannen den Berg nach oben schlängelt. Wieder habe ich das starke Gefühl, dass ich hier schon einmal gewesen bin.

»Schau! Dort oben!« Ich bin aufgeregt und zeige auf einen spitzen, weißen Turm, der vorwitzig aus dem Wald hervorschaut. Richard und ich laufen stramm auf dem verwurzelten Pfad weiter hinauf. Hier und dort trete ich mit meinen Wanderschuhen etwas Geröll ab und halte mich an Richards Arm fest.

Vor uns liegt die im Jahre 1005 erbaute, legendenumwobene Ulrichskapelle. Ein Bischof soll auf einer langen Wanderung hier erschöpft Rast gemacht und Gott um Wasser gebeten haben. In diesem Moment sei eine Quelle aus dem Erdboden hervorgesprudelt. Der Bischof labte sich und setzte seinen Weg gestärkt fort. Aus Dankbarkeit zu Gott hätten die Menschen eine Kapelle an diesem Ort errichtet.

Ein Brunnen plätschert neben dem Kirchlein. Wir spritzen uns das kühle, klare Wasser ins Gesicht und trinken ein paar Schlucke. Das besondere Quellwasser soll heilend auf die Augen wirken. Sollen meine Augen hier für etwas geöffnet werden? Wartet eine Botschaft auf mich?

Die Tür knarrt in den Angeln. Wir treten in die kleine Kapelle ein. Sie ist leer. Unsere Augen müssen sich erst an das Halbdunkel gewöhnen. Es ist kühl und riecht leicht modrig, vermischt mit Weihrauch und Kerzengeruch. Zartes Sonnenlicht strahlt durch zwei Rundbogenfensterchen beiderseits des Altars.

Ich setzte mich rechts hinten auf die Kirchenbank. »Hier, genau hier muss ich als Kind gesessen haben.«

Richard nimmt neben mir Platz und legt seinen Arm um meine Schultern. Ich senke meinen Kopf und falte meine Hände. Im Stillen bete ich für alle Kinder von damals. Ich wünsche mir, dass sie, ebenso wie ich, den Weg hierher zurückfinden, zum Kraftschöpfen und zur Heilung.

Am nächsten Tag besuchen wir wieder die Klinik. Die Tische sind vom Rasen verschwunden. Es ist still. Hinter einem weißen Gebäude vor der Klinik entdecken wir einen Spielplatz. Einige Mütter sitzen auf Bänken an einem Holztisch und schauen ihren Kleinen zu, die im Schatten einer Eiche im Sand spielen, schaukeln oder die Rutsche hinuntersausen. Dabei unterhalten sie sich über die Therapien der Kinder. Richard und ich gehen etwas zögernd auf sie zu.

Eine Mutter wischt sich die Stirn mit einem Taschentuch ab und gießt sich ein Glas Sprudel ein. Ihre braunen Haare hat sie zu einem Pferdeschwanz gebunden. Sie trägt beigefarbene Shorts und ein hellblaues T-Shirt. Ein kleines blasses Mädchen mit roten Flecken auf den Armen klatscht in die Hände und schaut stolz auf Sandküchlein, die sie mit einem Förmchen gemacht hat. Zur Belohnung bekommt sie von ihrer Mutter einen roten Lutscher.

»Wie schön, dass Sie bei Ihrer Tochter sein können«, spreche ich sie an. »Ja, ich bin mit ihr für eine dreimonatige Kur hier«, erwidert sie freundlich und lässt zugleich ihre Tochter nicht aus den Augen. »Wie alt ist Ihre Tochter denn?«, frage ich behutsam. »Sie ist drei Jahre alt«, antwortet sie seufzend. Sie erklärt mir, dass ihre Tochter schon öfter eine Lungenentzündung gehabt habe und auch an einem Ekzem leide.

Ich erzähle ihr von meiner Zeit in der Klinik und zeige ein paar Bilder von früher. Die anderen Mütter hören aufmerksam zu. Niemand kann glauben, dass ich so lange, über ein Jahr, ohne meine Mutter in dieser Klinik gewesen bin. Ohne Zweifel hat die Kinderpsychologie riesige Fortschritte gemacht.

Am folgenden Wochenende treffen meine Eltern ein. Im Ortskern werden gerade Tische für den Markt am Samstag aufgestellt. Es ist noch angenehm warm, doch ein leichter Abendwind weht schon vom Berg herunter. Die Glocken läuten zur Messe, und Einheimische in Lederhosen und Dirndln sowie ein paar Touristen und Patienten von den Kliniken laufen über den mit Kopfsteinpflaster bedeckten Platz zur Kirche. Wir spazieren weiter bis an den Ortsrand.

Dort entdecke ich einen kleinen Wegweiser mit der Aufschrift »Fußweg zur Kinderklinik«. Wir folgen dem von Hecken gesäumten Pfad. Wieder kommt mir alles vertraut vor, obwohl ich keine volle Orientierung habe.

Meine Eltern erkennen auf der linken Seite, vom Weg etwas zurückgesetzt, die alte Pension, in der sie damals über Weihnachten vier Wochen verbracht haben.

Gestrüpp rankt um das Haus. Fenster und Türen sind zugenagelt und mit Spinnweben überzogen. Eine Wäscheleine hängt von einer Eisenstange. Das Gras steht hoch auf der mit einem elektrischen Zaun umgebenen Weide. Dort grasen ein paar Kühe. Im Haus nebenan bellt ununterbrochen ein Hund. Vielleicht will er uns verjagen? Wir bahnen uns an Brombeerbüschen vorbei einen Weg um die ehemalige Pension herum und stehen vor einer alten, verschlossenen Holztür.

Meine Mutter zeigt auf den zweiten Stock. »Dort war unser Zimmer!«, sagt sie. »Ich sehe noch genau das Bild von dir, Kerstin, auf dem Balkon vor mir.«

Seufzend fährt sie fort: »Als ob es gestern gewesen wäre.«

Ich merke, dass es ihr schwerfällt, den Blick abzuwenden.

»Aber wie lange ist das doch schon alles her ... Es war eine schwere Zeit.«

Wir gehen auf den Fußweg zurück und kommen an einer alten, außer Betrieb gesetzten Skischanze vorbei. Mein Vater erzählt uns, dass er dort auf einem Hügel versucht hatte, meinem Bruder das Skifahren beizubringen. Für sich selber hatte er sich auch ein paar Skier ausgeliehen. »Das hat so richtig Spaß gemacht«, meint er. »Trotz allem haben wir versucht, uns auch eine schöne Zeit zu machen.«

Er schwelgt in Erinnerungen an eine Zeit, als er noch jung und voller Kraft war. Er erzählt auch, wie streng die Schwestern waren, als er mich einmal wegen eines Schneesturms zu spät zur Klinik zurückgebracht hatte.

Der Himmel ist jetzt in zartes Rosa getaucht. Eine ruhige Abendstimmung liegt über dem Dorf.

Am Waldrand neben einer Bank steht ein neuer Wegweiser »Zur Kinderklinik«. Dieser Pfad geht durch den Wald den Berg hinauf und führt zum rückwärtigen Teil des Klinikgebäudes. Als wir dort ankommen, ist es schon halbdunkel.

Das Gelände wirkt wie ausgestorben. Manche Zimmer sind erleuchtet, und einige Fenster stehen offen. Weiße Gardinen wehen sanft im Wind. Ab und zu hört man Kinderstimmen und Radiomusik. Ein lauter, trockener Husten schneidet durch die Abendluft. Ich erschauere.

Am nächsten Tag ist der Himmel grau verhangen. Es nieselt. Mit meinen Eltern kehren wir noch einmal zur Klinik zurück. Dort sprechen wir mit einer Dame an der Rezeption.

Sie erzählt uns, dass andere ehemalige Patienten schon öfter vorbeigekommen seien und ihre Leidensgeschichten erzählt hätten. Ich würde gerne die Klinik von innen sehen. Doch das ist nicht erlaubt – zum Schutz der Patienten.

Neben der Glasscheibe, die das Büro von der Eingangshalle trennt, hängt eine Collage mit Fotos von Schwestern und Kindern in der Klinik vor 1963. Dort sieht man auch Babys und Kleinkinder – noch jünger, als ich es damals war. Ich bin erschüttert. Meine Mutter zeigt auf den Erker und erinnert sich an einen großen, sehr akkurat geschmückten Weihnachtsbaum. Mit Regenjacke und Schirmen klettern wir anschließend zur Kapelle hoch. Innen ist es noch kühler und feuchter als bei Richards und meinem letzten Besuch.

Meine Hände sind klamm. Fröstelnd lasse ich mich wieder auf meinem gewohnten Platz nieder. Meine Mutter und Richard setzen sich links und rechts neben mich. Mein Vater sitzt etwas abseits und ist in ein tiefes Gebet versunken. So intensiv habe ich ihn noch nie beten gesehen. Wir schauen andächtig auf die Reihe von Teelichtern, die in ihren roten Gläsern auf den Altarstufen vor dem gekreuzigten Jesus flackern.

Nach einer Weile dreht sich meine Mutter zu mir und drückt meine Hand. Ihre Augen sind feucht, und sie sagt leise:

»Weißt du Kerstin, der liebe Gott hat mein Leben zweimal gerettet. Das erste Mal, als ich als Kind den schlimmen Unfall im Flüchtlingslager in Dänemark überlebt habe, und das zweite Mal, als er dich wieder gesund zu mir nach Hause gebracht hat.«

Zutiefst gerührt lege ich meinen Arm über die Schulter meiner Mutter, die selbst ohne Mutter aufwachsen musste. Ich drücke sie fest an mich. Dabei denke ich an das schreckliche Unglück, das mich seit meiner Kindheit immer wieder tief bewegt hat:

Meine beiden Eltern waren Flüchtlingskinder aus dem Osten. Meine Mutter, ihre Mutter und ihre Großmutter wurden nach dem Krieg in einem dänischen Flüchtlingslager aufgenommen, wo sie in Holzhütten auf Strohsäcken schliefen. Einige dänische Soldaten, die wahrscheinlich betrunken waren, hatten mit ihren Gewehren hantiert. Dabei waren Schüsse losgegangen. Meine Großmutter war sofort tot und meine Mutter schwer verletzt. Ihre Großmutter kam glimpflich davon, sie hatte keine Verletzungen erlitten. Meine Mutter war damals neun Jahre alt. Sie überlebte, wurde in einem dänischen Militärkrankenhaus behandelt, bis nach drei Wochen die Wunden ausgeheilt waren. Sie durfte dort in einem sauberen Bett mit weißen Laken schlafen und bekam von einer Krankenschwester eine große Puppe als Geschenk.

Ein paar Jahre später werde ich meiner Mutter einmal erzählen, dass ich manchmal fast daran zweifele, ob ich wirklich in der Kinderklinik gewesen sei – doch dann lese ich die Briefe und habe den Beweis. Meine Mutter wird antworten, dass es ihr genauso ginge mit ihrem schrecklichen Unfall. Doch die lange Narbe durch den Bauchschuss und die Kugel, die noch heute in ihrem Körper steckt, zeugen davon.

Hier in der Kapelle nehme ich zum ersten Mal wahr, wie eng unsere Geschichten miteinander verbunden sind. Der intime Gefühlsaustausch mit meiner Mutter an diesem heiligen Ort wird mir immer eine wertvolle Erinnerung bleiben.

Unsere Woche in Scheidegg geht zu Ende. In mir hat sich etwas gelöst. Meine anfänglichen Beklemmungen, Schlafstörungen und auch meine gedämpfte Stimmung sind milder geworden. Jetzt kann ich eine kindliche Neugierde verspüren. Die Natur und die schöne Umgebung haben wie Balsam auf mich gewirkt. Noch lange werden mich die neuen Eindrücke begleiten. Die

Erzählungen meiner Eltern, der Besuch in der Kinderklinik, das Betreten der alten Pfade und das Wiedererkennen von Stellen und Orten in Scheidegg mit allen Sinnen erfüllen mich zutiefst. Jetzt kann ich mein Trauma besser in mein gesamtes Wesen integrieren. Ich bin auf dem Weg, die Seelenverbindung mit der kleinen, kranken Kerstin wieder herzustellen, mich wiederzufinden.

Auf dem Heimflug in die USA schreibe ich in mein Tagebuch:
»Ich sehne mich nicht länger nach diesem Ort.
Er ist jetzt für immer ein Teil von mir ...«

Kapitel 13: Künstler

»In der Mitte des Ateliers steht ein langer Eichenholztisch mit Kübeln von Pinseln«

Im Juni 1999, ein Jahr nach unserem Besuch in der Kinderklinik, erfahre ich von einem Verwandten, dem Mann der Cousine meiner Mutter, dass er in den 1960er Jahren die Kinderklinik in Scheidegg öfters besucht hat. Ich bin verblüfft, denn bis dahin hat in der Familie kaum jemand von meiner Krankheit gesprochen. Doch nun haben meine Eltern Albert und seiner Frau Irmgard von unserem Treffen in Scheidegg berichtet.

Albert erzählt mir, dass er den Chefarzt der Kinderklinik sehr gut gekannt habe, denn sie seien in der gleichen katholischen Studentenbruderschaft in München gewesen. Zu ihrer Gruppe habe auch ein Kunststudent gehört, der bei seinem Freund, dem Chefarzt, die wunderbare Landschaft der Kinderklinik gemalt hätte. Zusammen hätten sie dort viele schöne Feste gefeiert.

Ich bin immer noch in meine Therapie mit Anne involviert, und das Gespräch reißt schmerzende Emotionen in mir auf. War es doch die Einsamkeit und Abgeschiedenheit in der Klinik, die so auf mir lastete. Und jetzt gibt es auf einmal eine Verbindung, von der ich absolut keine Ahnung hatte.

»Was ist aus dem Arzt geworden?«, frage ich mit Tränen in den Augen. »Leider ist der Arzt schon früh, Ende der Sechzigerjahre, nach seinem Ruhestand gestorben. Der Künstler lebt aber noch. Er wohnt im tiefen Bayern, in der Nähe von Passau, und restauriert Kirchen. In unserem Wohnzimmer in Karlsruhe hängt ein

Bild von ihm, das du als Kind gesehen haben musst. Es zeigt den Garten des Arztes an einem eher stürmischen Tag, vielleicht im Herbst.«

An ein solches Gemälde habe ich keine Erinnerung. Ich nehme meinen ganzen Mut zusammen und frage Albert, ob er mich mit dem Maler in Verbindung setzen könne.

Einen Monat später bin ich auf dem Weg nach Stammham. Ich will Erich Horndasch, den Maler, besuchen. Mein Weg geht über Landstraßen, durch Wälder, an Feldern und sattgrünen Wiesen vorbei. Ein paar Mal bleibe ich stehen, um mich auf meiner Landkarte zu vergewissern, dass ich auf dem richtigen Weg bin. Neue Begegnungen machen mich generell nervös, und ich weiß nicht, wie emotional ich auf dieses Treffen reagieren werde.

An dem Abend nach meinem Gespräch mit Albert war ich so aufgewühlt gewesen, dass ich zur Beruhigung in mein Tagebuch geschrieben hatte:

»Wenn ich mir das Gemälde vorstelle, denke ich an den Garten von Monet. Hatte der Maler Pfingstrosen in kräftigem Rot und Sonnenblumen in tiefem Gelb, oder Glockenblumen in weicherem Hellblau und Veilchen in sanftem Rosa gemalt? Vor der Gartenmauer standen bestimmt Margeriten, die Mutti gepflückt hätte, wenn sie im Sommer dagewesen wäre. Meine Gedanken wandern zurück zu dem tiefen Winter im Allgäu.

Der Garten hat sich verwandelt und schlummert nun friedlich unter einem dicken, weißen Mantel. Ein kleines Mädchen steht am Fenster und sieht Fußstapfen im Schnee. Wir sind eingeschneit.

Die Kinderklinik liegt oben auf dem Berg, weit weg vom Dorf, weit weg von Zuhause.«

Diese Worte habe ich etwas später an den Künstler geschickt, um mich bei ihm vorzustellen.

Das gelbe Haus mit den weißen Läden – ein alter Pfarrhof, wie ich später erfahre – steht umgeben von Feldern auf einem stattlichen Anwesen am Inn. Ein Brunnen plätschert vor dem Haus. Daneben ist eine Kaffeetafel unter einem Sonnenschirm aufgebaut. Erich Horndasch, ein großer schlanker Mann mit braunen, etwas verstrubbelten Haaren und einem freundlichen, von der Sonne braun gebranntem Gesicht, begrüßt mich herzlich.

»Guten Tag, Frau White. Hatten Sie Schwierigkeiten uns zu finden? Wir wohnen doch etwas abseits hier.«

Auf Anhieb fühle ich mich in seiner Gegenwart wohl. Meine Anspannung weicht.

Er stellt mir seine Frau Barbara vor, die mit einem Zwetschgenkuchen auf einer Platte aus dem Hause kommt. Sie ist eine zierliche Frau und trägt einen geblümten Rock mit einer weißen Bluse. Ihre braunen Haare sind zu einem Pagenkopf gekämmt. Ich kann sie mir leicht als junges Mädchen vorstellen. Auch sie wirkt sehr einladend und sympathisch auf mich.

Bei einem erfrischenden Glas Sprudel machen wir uns bekannt. Den alten Pfarrhof habe er 1964 erworben und viel daran arbeiten müssen, erzählt mir Erich Horndasch. Das Haus sei 1750 gebaut worden.

Im Haus ist es angenehm kühl. Über eine knarrende Treppe gehen wir hoch zu seinem Atelier. Der Raum ist groß, der Boden mit breiten, alten Holzdielen belegt. Licht flutet durch hohe Fenster. In der Mitte des Ateliers steht ein langer Eichenholztisch mit Kübeln von Pinseln in allen möglichen Sorten und Farben. In der Ecke steht eine Couch, und daneben ein Tongefäß mit einer Zimmerpflanze, die sich um das Fenster rankt. Ich lasse den Raum auf mich wirken. Erich Horndasch zeigt mir einige Aquarelle mit Motiven aus seinem Garten und von Mallorca, wo er gerne hinreist. Seine Kunst gefällt mir auf Anhieb.

»Sind Ihre Gemälde zu kaufen?«, frage ich vorsichtig. Doch Herr Horndasch scheint mich nicht gehört zu haben. Ich lasse das Thema schnell fallen. Stattdessen nimmt er ein verblichenes Bild in einem schwarzen Rahmen von seinem Schreibtisch und zeigt es mir.

»Das ist ein altes Foto von meinem Freund, dem Doktor!«

Meine Gedanken führen mich zurück zu dem kleinen Mädchen in der Kinderklinik. Ich kann mich an kein einziges Gesicht der Ärzte, Schwestern, Krankenschwestern oder Kinder bewusst erinnern.

Dann setzen wir uns an den gedeckten Kaffeetisch im Garten. Sonnenblumen, Dahlien und Rosen blühen in voller Pracht neben der Scheune. Dahinter liegt eine Wiese mit einem Forellenteich und eine Reihe von hohen Pappeln am Ufer des Inns. Barbara Horndasch serviert den frischen Zwetschgenkuchen mit Sahne. Mir läuft das Wasser im Mund zusammen. Wie lange habe ich einen so leckeren Kuchen schon nicht mehr gegessen.

Ich zeige Erich und Barbara Horndasch mein Album mit den Bildern von der Kinderklinik und erzähle ihnen von mir. Dabei erwähne ich auch, dass ich angefangen habe, eine Geschichte über das kleine Mädchen in der Kinderklinik zu schreiben.

»Was hat Sie bewegt, Ihre Kindheitsgeschichte jetzt wieder aufzurütteln?«, fragt Erich Horndasch mit fürsorglichem Blick. Er nimmt sich noch ein Stück Pflaumenkuchen.

Im Laufe meiner Psychotherapie seien tiefe Wunden aufgebrochen, und erst da sei ich mir bewusst geworden, welchen

Schaden die Krankheit und die langen Trennungen von Zuhause in meiner Seele angerichtet hätten, erzähle ich ohne Hemmungen. Hier kann ich mich mitteilen und werde verstanden. Meine Gefühle halte ich trotzdem in Schach, so gut ich kann.

»Ich habe gelernt, dass das Schreiben ein Weg zur Heilung sein kann.«

Erich Horndasch nickt verständnisvoll. »Das ist wunderbar«, sagt er und klingt so authentisch dabei, als ob er aus eigener Erfahrung spräche.

Er teilt mir mit, dass er als junger Mann mit Tuberkulose aus dem Krieg zurückgekommen sei und sein Arztfreund ihn aus einem kleinen Stadtkrankenhaus, wo er dahinsiechte, geholt hätte. Dann hätte er ihn zu seiner Klinik gebracht und ihm eine erstklassige Behandlung zukommen lassen. Ohne Zweifel hätte sein Freund ihm dort das Leben gerettet.

»Ein Jahr habe ich dort bei ihm und seiner Familie gelebt und nach Herzenslust gemalt.« Erich Horndasch hält inne und schaut weit hinaus auf den Garten. Dann wendet er sich mit zärtlichem Blick an seine Frau. »Dort habe ich dann auch meine Barbara kennengelernt.«

Später erfahre ich, dass Barbara eine Ordensschwester gewesen ist, die aus Liebe zu ihrem Mann den Orden verlassen hat.

Barbara Horndasch erwidert seinen Blick mit einem Lächeln. »Ich arbeitete dort mit den Kindern, die Knochen-TB hatten«, führt sie die Unterhaltung fort. »Die Heilung war sehr langwierig. Manchmal waren die Kinder mehrere Jahre in meiner Obhut. Dadurch entwickelte ich oft eine ganz enge Beziehung zu ihnen und ihren Familien. Die armen Kinder mussten ja so lange mit Gips im Bett liegen.« Sie erzählt, dass sie viel mit den Kindern gebastelt habe, um ihnen die Zeit zu vertreiben.

Noch ein weiterer Berührungspunkt, denke ich. Obwohl Barbara Horndasch nicht auf meiner Station gewesen ist, hätte ich ihr vielleicht irgendwo in der Klinik begegnen können. Gleichzeitig kann ich mir nicht vorstellen, was aus mir geworden wäre, wenn ich nicht im Wald hätte herumlaufen können. Diesen Kindern war es noch viel schlechter ergangen als mir. Als ich ihr von der furchterregenden Geschichte erzähle, die uns eine der Schwestern während eines Gewitters erzählt hat, meint sie nur: »Manche konnten schon ein bisschen komisch sein.« Sie könne sich auch noch lebhaft an die schrecklichen Gewitter in den niederen Alpen erinnern. Die ganze Nacht sei sie oft mit den Kindern aufgeblieben, um sie zu beruhigen.

Ich erzähle auch von positiven und lustigen Erfahrungen aus der Kinderklinik, und Barbara Horndasch schwelgt in ihren Erinnerungen: Der Chefarzt habe damals eine Heilmethode erfunden, die es den Kindern mit Knochen-TB erlaubte, sich besser zu bewegen. Die Klinik sei für ihre innovativen Heilmethoden bekannt gewesen, und die Ärzte seien aus ganz Deutschland gekommen, um von dem Chefarzt zu lernen. Die Prinzregent- Luitpold-Kinderklinik sei eine der besten in ganz Deutschland gewesen.

Auch Erich Horndasch erinnert sich gerne an diese Zeit zurück. Zu Silvester habe es große Feste gegeben. Sie seien auch gerne mit den Freunden aus der Bruderschaft gewandert. Frühmorgens seien sie aufgestanden, um den Sonnenaufgang über den Bergen nicht zu verpassen. Sein Freund, der Chefarzt, habe im Chor der Ärzte und Schwestern gesungen und Theaterspiele für die älteren Kinder und auch Kinoabende inszeniert.

Mein Blickwinkel über die Kinderklinik hat sich erweitert. Ich sehe, welche Mühe man sich, im Rahmen des damals Möglichen, gegeben hat, um uns zu pflegen und durch Fotos und Briefe versucht hat, den Kontakt zu den Eltern aufrechtzuerhalten. Die Klinik war gewiss ein Ort großen Leidens gewesen. Doch sie war auch ein Ort der Künste, so dass Leib und Seele im Einklang mit der Natur heilen konnten.

Der Gesprächsstoff geht uns an diesem Nachmittag nicht aus. Die Zeit rennt wie Sand durch meine Finger. »Kommen Sie uns doch wieder einmal besuchen«, sagt Erich Horndasch beim Abschied. »Ich möchte Ihnen dann gerne ein paar Kirchen und Kapellen zeigen, die ich restauriert habe.«

»Ja, Sie müssen sich die Arbeiten meines Mannes in den Kirchen unbedingt einmal anschauen«, sagt Barbara Horndasch mit Bewunderung in ihrer Stimme.

Als ich aus der Ausfahrt herausfahre, winken mir Erich und Barbara Horndasch noch lange nach. Ich habe ihnen versprochen, bald wiederzukommen. Ich kann es kaum erwarten, weitere Kunstwerke des Malers zu sehen.

Im Auto merke ich, wie erschöpft ich bin. Der Besuch hat mich zutiefst bewegt. Zugleich fühle ich mich bereichert durch die Begegnung mit diesem Mann, der Charisma und Wärme ausstrahlt. Auch seine Frau habe ich ins Herz geschlossen.

Unsere Begegnung gibt mir neuen Elan und Vertrauen, dass ich mit meiner Heilung auf dem richtigen Weg bin. Die Aquarelle in dem Atelier nähren meine Seele ebenso wie die Erinnerung an das malerische alte Pfarrhaus, den Garten und den warmen Empfang, mit dem ich beschenkt worden bin. Noch ahne ich nicht, welche besondere Rolle Erich Horndasch in meinem weiteren Leben spielen soll.

Aufgereihte Gitterbettchen mit TB-kranken Kindern (vor 1945)
Im Klinikflur: nach 33 Jahren schrittweise Annäherung an Erinnerungen

1998: der äußerlich fast unveränderte Klinikbau (erbaut ab 1916)
Richard und Kerstin bei der nahen Ulrichskapelle (Möggers, Österreich)

Blick auf die Alpen vom Parkplatz der Kinderklinik
Der Maler Erich Horndasch in seinem Atelier in Stammham bei Passau

»Little Red«, das erste TB-Kurhäuschen von 1884 in Saranac Lake/USA
Dr. Edward Trudeau, Gründer der Tuberkuloseklinik, Denkmal von 1918

Erich Horndasch »Winterbild«

Kapitel 14: Winterbild

»Für mich liegt der Garten friedlich da,
versunken in einen tiefen Winterschlaf«

Einige Wochen später führt mich meine Reise nach Kent und Cornwall in England, wo ich mit meinem Mann und den Kindern unseren zweiwöchigen Sommerurlaub verbringe. Neben dem Ferienhäuschen – ein Cottage in Tunbridge Wells auf dem Land in der Nähe von London – steht eine Mühle. Ein Bach fließt durch den Garten, und Pferde weiden auf einer Wiese neben dem Haus. Kurz nachdem wir angekommen sind, klingelt das Telefon.

Meine Mutter ist am Apparat und sagt aufgeregt: »Kerstin, hier ist gerade ein großes, flaches Paket für dich von Herrn Horndasch aus Stammham angekommen.«

Ich bin sehr gespannt. Meine Mutter soll es gleich aufmachen.

»Es ist ein Gemälde, ein Aquarell!«, ruft meine Mutter. »Ein Garten im Winter, in Blau- und Weißtönen. Es ist wunderschön.«

Ich bin sprachlos. »Und hier ist auch noch ein Brief für dich.«

»Ich würde es so gerne jetzt gleich sehen«, sage ich mit Tränen in den Augen.

Ein paar Wochen später, als wir wieder zu Hause in den USA sind, halte ich das Bild in meinen Händen. Mein Vater hat es gut verpackt zu mir geschickt.

Es ist eine Winterlandschaft. Auf den Dächern zweier Holzschuppen liegt ein dicker Schneemantel. Der größere Schuppen in der Mitte leuchtet in goldenem Braun. Ich kann fast ein Feuer darin spüren. Blau schimmernde Tannen erheben sich aus der weißen Erde und berühren die blaugrauen Berge und Wolken in der Ferne. Erich Horndasch erzählt mir bei einem Telefongespräch, dass er die Szene auf japanisches Reispapier gemalt hat, das die Farbe aufnimmt, die Konturen verlaufen lässt, verwischt wie in einem Traum. Für mich liegt der Garten friedlich da, versunken in einen tiefen Winterschlaf.

Was wird passieren, wenn Schnee und Eis schmelzen? Welche Farben und Landschaften werden sich mir dann offenbaren? Diese Gedanken kommen mir erst später, als ich an die eingefrorenen Gefühle meines Traumas denke. Doch jetzt bin ich erst einmal zutiefst gerührt.

In dem Brief an mich schreibt Erich Horndasch, dass er an die Winterszene denken musste, die ich in meinem ersten Brief an ihn beschrieben hatte. Daraufhin habe er das Bild ganz hinten, versteckt bei alten Zeichnungen und Aquarellen, auf dem Speicher gefunden. An einigen Stellen sei das Bild beschädigt gewesen, und er habe ganz vorsichtig die Risse zusammengefügt und übermalt.

Ich kann sie kaum sehen. Es scheint, als würden sie sich wie Schneeflocken in der Winterlandschaft verlieren.

Bei näherem Hinschauen bemerke ich, dass unten in der linken Ecke »Gartenhaus Dr. H., Scheidegg« und auf der rechten Seite »Erich Horndasch 1964« geschrieben steht. Ich kann es kaum glauben, Erich Horndasch hat den gleichen Winter wie ich in der Kinderklinik verbracht!

Es tröstet mich unglaublich, zu wissen, dass ich in dem langen, kalten Winter doch nicht so verlassen gewesen bin, wie ich mich fühlte. Damit hat Erich Horndasch ein warm leuchtendes Licht in meinem Leben geschaffen. Sein Bild wird die heilende

Brücke zu meiner Vergangenheit. Ich spüre wieder Gottes Hand, die sich in diesem Moment, wie auch damals, schützend über mich legt. Als kleines Kind konnte ich das leider noch nicht wahrnehmen. Oder vielleicht doch?

In den folgenden Jahren kehre ich mehrere Male mit Richard zur Kinderklinik zurück. In der gesunden Luft spüre ich meine Allergien kaum. Die schöne Landschaft und Natur wirken wohltuend auf meine Seele. Als Anne mir gesagt hat, dass ich zur Kinderklinik zurückkehren solle, hätte ich nie gedacht, dass es ein Ort der Entspannung und körperlichen wie geistigen Erholung für mich werden würde.

Bei diesen Reisen besuche ich auch Herrn Horndasch so oft ich kann. Er zeigt mir die Kirche in Marktl, die er künstlerisch gestaltet hat, sowie auch eine kleine Kapelle in Simbach am Inn. Er versteht es beeindruckend, alte und neue Kunst in lebendigen und sanften Farben miteinander zu verbinden. Durch seine ausdrucksvollen religiösen Bilder vermittelt er seinen tiefen Glauben an Gott. Einmal erzählt er mir mit Begeisterung von einem großen Wandteppich, den er als Altarbild für die Pfarrkirche in Wurmannsquick hergestellt hat. Dabei habe er seine eigene Tauchtechnik für die farbigen Textilien benutzt und sogar behinderten Kindern die Möglichkeit gegeben, bei der Vorbereitung des Wandteppichs mitzuhelfen.

Trotz seiner großen Begabung ist er ein bescheidener Mann, der keinen Ruhm sucht. Aus unserem ersten Kontakt wird ein lebendiger Austausch und schließlich eine Freundschaft.

Im Juni 2003, bei einem Urlaub am Chiemsee, besuche ich ihn wieder. Dieses Mal sind Richard und unser zehnjähriger Sohn Eric dabei. Fünf Jahre später, am 21. Juli 2008 führt es mich noch einmal nach Stammham zu ihm zurück, diesmal alleine.

»Hallo! Herr Horndasch, ich bin da!« Ich klopfe an die schwere, alte Holztür, die einen Spalt offensteht. Der Flur ist nur halb erleuchtet. In diesem Moment öffnet sich eine Seitentür, und mein Freund steht vor mir. Er sieht so verlassen aus in dem großen Pfarrhaus. Seine Frau lebt seit einiger Zeit in einem Pflegeheim im nächsten Ort. Sie ist an Alzheimer erkrankt. Einige Jahre zuvor hat er den Kulturpreis des Landkreises Altötting bekommen und neue Aufträge erhalten. Es täte ihm sehr leid, dass er sie nicht mehr alle bewältigen könne, hatte er mir in einem seiner letzten Briefe geschrieben.

Er tritt mir schlurfend entgegen. »Frau Kerstin, ich freue mich so, Sie wiederzusehen«, sagt er. »Hatten Sie eine schöne Reise?« Er lächelt und drückt meine Hand. Mir fällt auf, dass er an Gewicht verloren hat und sehr langsam geht. Sein Körper ist etwas nach vorne gebeugt.

»Ja, es ging alles gut«, erwidere ich. »Das freut mich aber«, sagt er und führt mich in die Küche. Ein paar abgewaschene Tassen und Teller liegen ordentlich aufeinandergestapelt im Spülbecken. Daneben befindet sich ein sauberes, gefaltetes Geschirrtuch. Auf dem Tisch ist eine Zeitung ausgebreitet. Er setzt sich auf den Stuhl mir gegenüber.

»Mein Augenlicht hat sich verschlechtert, und ich kann nicht mehr so gut lesen«, sagt er. Doch zum Glück habe er Freunde und Nachbarn, die vorbeikämen und ihm vorläsen. »Aber die Schlagzeilen erkenne ich noch, und Sie kann ich auch noch gut sehen«, bemerkt er erleichtert.

Ich lehne mich in meinem Stuhl zurück und mache es mir bequem. Wir führen unsere Unterhaltung fort. Bald müsse er wieder an den Augen operiert werden, zwei Operationen habe er schon hinter sich. Zusätzlich habe er sich auch noch einen Leistenbruch zugezogen. Aber er wolle mich jetzt nicht mit seinen Gesundheitsgeschichten langweilen. Mit einem verschmitzten Lächeln schiebt er die Zeitung beiseite. »Bitte, erzählen Sie mir doch von sich.«

In den Jahren nach meinem ersten poesietherapeutischen Workshop bei Robin in Brooklyn hat sich ein neuer Weg für mich herauskristallisiert. Ich habe ein neues Studium zum Master in *Counseling Psychology* (Psychologische Beratung) begonnen und eine poesietherapeutische Ausbildung gemacht. Jetzt arbeite ich hauptsächlich mit Kindern und Jugendlichen in Schulen und Therapiezentren. Durch Gedichte und Bilder, die ich meinen Gruppenteilnehmern als Anregung zum Schreiben gebe, kann ich nun die therapeutische und heilende Wirkung des Schreibens auch bei anderen miterleben. Mir wird immer klarer, dass in jedem Menschen eine authentische und oft spiri-tuelle Stimme steckt, die sich wie ein Schatz aus den Tiefen der Seele hervorheben lässt.

2005 beginne ich meine Arbeit als Psychotherapeutin an einer Mittelschule für emotional belastete Jugendliche, die an ADHS, posttraumatischen Belastungsstörungen, Asperger-Syndrom, Bindungsschwierigkeiten oder Angstzuständen leiden. Meine Kindheitsgeschichte hat nun einen gebührenden Platz in meinem Leben eingenommen. Durch sie kann ich anderen Kindern helfen.

Außer über meinen neuen Berufsweg unterhalte ich mich mit Erich Horndasch auch angeregt über meine aktuelle Reise durch Deutschland, meine Familie und meine Kinder. Ich merke, wie sehr er an meinem Leben Anteil nimmt. Später lädt er mich ein zum Mittagessen in einem urigen bayerischen Gasthof in einer nahegelegenen Ortschaft. Beim Hochsteigen der Treppen bin ich ihm behilflich. Wir treten in den Gastraum ein und werden von einer Frau in einem Dirndl empfangen.

»Herr Horndasch, es ist so schön, Sie einmal wiederzusehen!«, begrüßt sie ihn freundlich und führt uns in ein Atrium, durch dessen Glasdach die Sonne scheint. Einige Gäste sitzen vor ihren Bierkrügen und schauen neugierig zu uns herüber. Offensichtlich ist Herr Horndasch hier bekannt.

»Wie steht es mit dem Buch über Ihre Geschichte?«, fragt mich Erich Horndasch, nachdem wir die Menükarte gelesen und bestellt haben. Auf diese Frage habe ich gewartet, doch nun zögere ich. Chronische Selbstzweifel steigen in mir hoch:

Ich bin doch keine gelernte Schriftstellerin, und zudem wohne ich schon so lange in den USA. Kann ich es mir überhaupt zutrauen, ein Buch zu schreiben? Englisch ist auch nach siebenundzwanzig Jahren in den USA eine Fremdsprache für mich, und mein Deutsch ist auch nicht mehr so perfekt.

Diese Bedenken verstecke ich in mir und sage stattdessen entschlossen: »Ich bin so gut wie fertig mit meinem Buch.«

Es täte mir leid, dass ich ihm daraus nicht vorlesen könne, da es auf Englisch geschrieben sei. Ich erzähle ihm, dass ich Englisch ja eigentlich fließend sprechen und schreiben würde, doch zugleich immer eine gewisse Distanz beim Schreiben spüren würde. Ich käme mir nicht ganz authentisch vor. Aber irgendwie hätte ich den Abstand vielleicht auch gebraucht, um mich an dieses schwierige Thema heranzuwagen.

Erich Horndasch hört aufmerksam zu, während er langsam sein Nudelgericht mit Speckrahmsoße isst. Später nimmt er das meiste davon mit nach Hause.

Ich vertraue ihm an, dass ich nicht wüsste, wie es jetzt mit meinem Buch weitergehen solle. Mein Herz hätte ich darin offenbart, und nun fühlte ich mich verwundbar. Natürlich wolle ich auch niemanden verletzen. Erich Horndasch nickt empathisch und meint, er kenne dieses Gefühl.

»Ich warte auf eine Eingebung«, sprudelt es aus mir hervor.

Er wird still, lächelt weise und scheint über etwas nachzudenken. Kurz danach fahren wir zum Pfarrhaus zurück. Ich bereite noch eine Tasse Kaffee für ihn und eine Tasse Tee für mich zu. Dann kramt Erich Horndasch in seinem Schlafzimmer nach einem Bildband über seine Kunst, das ihm ein Freund vor Kurzem zu seinem 82. Geburtstag geschenkt hat. Er besteht darauf, dass er es mir unbedingt als Geschenk mitgeben wolle.

Auch bei anderen Besuchen hat er mich nie ohne ein Geschenk gehen lassen. Einmal hat er mir ein annotiertes Buch mit Bildern von seinen Kunstwerken gegeben, das Freunde zu seinem Empfang des Kunstpreises verfasst haben; ein anderes Mal hat er mir eine Illustration angeboten, die zu seinen »Witzblättern« gehörte. Ich hatte mir eine mit dem Titel »Liebe unter Blumen« ausgesucht.

»Die Krankenschwestern räumen immer bei mir auf, und dann kann ich nichts mehr finden«, sagt er geduldig und durchstöbert einen Stapel von Alben, Heften und Papieren, die neben seinem Telefon liegen. »Ich gebe auf. Ich werde es Ihnen das nächste Mal geben, wenn ich Sie wiedersehe.«

»Ja, darüber würde ich mich freuen«, antworte ich. »Es tut mir leid, dass ich die zwei Kapitel von meinem Buch, die ich ins Deutsche übersetzt habe, nicht mitgebracht habe. Ich hätte sie Ihnen jetzt so gerne vorgelesen.« Es wäre so schön gewesen, wenn ich ihm auch ein Geschenk hätte hinterlassen können.

»Gut, dann haben wir das nächste Mal, wenn wir uns sehen, einiges vor.« Er lehnt sich auf seinem Stuhl zurück, nimmt einen Schluck Kaffee und ein Plätzchen von einem weißen Teller. »Wann fliegen Sie wieder in die Staaten zurück?«

»Übermorgen. Mein Bruder muss mich schon um halb fünf an den Flughafen bringen.«

»Dann haben Sie ja noch einen Tag. Da müssen Sie sich unbedingt das Altarbild von mir im Krankenhaus des Dritten Ordens in München anschauen. Es liegt gegenüber vom Botanischen Garten.«

Ich erinnere mich, dass er mir vor Jahren einige handgegossene Dallglasplatten gezeigt hat, die er spiegelbildlich bemalt und mit Blattsilber belegt hatte. Mit dieser Hinterglasmalerei sollte ein Mosaik der heiligen Stadt Jerusalem entstehen. Damals ist er mitten in dieses große Projekt in München eingebunden gewesen und hat mir erzählt, wie gerne er mit den Schwestern in der Klinik zu tun gehabt hatte.

Durch seine anschaulichen Erklärungen hatte ich oft das Gefühl, an seiner Schöpfung teilhaben zu können. Die Begeisterung für seine Kunstwerke wirkte ansteckend auf mich.

Mittlerweile ist es fast zwei Uhr am Nachmittag, und um drei Uhr soll er von einem Freund abgeholt werden, um Bankangelegenheiten zu erledigen. Es ist leider schon an der Zeit, mich zu verabschieden.

»Ich wünsche Ihnen und Ihrer Familie alles Gute«, sagt er herzlich und begleitet mich zur Tür. »Guten Flug und kommen Sie einmal wieder!« Ich schüttele seine Hand und spüre seine Wärme.

Ohne zu zögern antworte ich vernehmlich: »Ja, natürlich!« und winke ihm zu, als ich langsam über den mit Kies bedeckten Hof an dem Brunnen vorbeifahre. Er steht leicht nach vorne gebeugt in der breiten, offenen Tür, umrandet von einem Holzrahmen und dem gelben Verputz des alten Pfarrhofs. Erich Horndasch winkt zurück.

Es sollte unser letztes Treffen sein.

Kapitel 15: Altarbild

»Kleine Bücher in Plastikhüllen baumeln von den Ästen«

Am nächsten Morgen fahre ich mit der Straßenbahn Richtung Botanischer Garten in München. Es ist kühl für die Jahreszeit. Der Himmel ist grau und verhangen. Ich steige an der Haltestelle vor dem Krankenhaus aus und folge dem Schild »Kinderklinik Dritter Orden«. Das weiße Hauptgebäude erinnert mich vom Baustil her an die Prinzregent-Luitpold-Kinderklinik im Allgäu.

Wie soll ich hier das Altarbild finden? Was wird man von mir denken, wenn ich einfach hier hineingehe? Vor dem Eingang steht ein Patient in einem Bademantel und raucht eine Zigarette. Ich werde unsicher und greife nach meinem Handy, um Erich Horndasch anzurufen. Das Telefon klingelt, aber es nimmt keiner ab. Ich fasse neuen Mut und frage an der Rezeption nach dem Kunstbild. Niemand scheint den Maler zu kennen. Der Pförtner ruft eine Ordensschwester, die mir dann Auskunft gibt: »Gehen Sie einfach den Gang hier hinunter und zum ersten Stock hoch, dann gleich links. Dort in der St. Franziskuskapelle werden Sie es finden.«

Erleichtert nehme ich gleich zwei Stufen auf einmal. Vor einer geschlossenen Tür mit der Aufschrift »Seelsorge der evangelischen und katholischen Kirche« bleibe ich stehen. Dann trete ich ein und befinde mich in der Kapelle.

Das Altarbild von Erich Horndasch fällt mir sofort ins Auge. Es nimmt die gesamte hintere Wand der Kapelle ein. Die silberblaue Altarwand, eine Hinterglasmalerei der Stadt Jerusalem, stellt den gekreuzigten Christus in tief leuchtendem Rot dar, umgeben von Maria und Johannes im Vordergrund. Beiderseits des Altarbildes sind zwei Bilder in denselben Rottönen: eines der Heiligen Elisabeth, die sich um Arme kümmert, das andere zeigt den Heiligen Franziskus, der in seinem Sonnengesang die Schöpfung preist. Die Fotografie, die Erich Horndasch mir damals gezeigt hat, ließ die Herrlichkeit des wirklichen Kunstwerkes nur erahnen.

Vor mir reihen sich Stühle mit blauen Kissen. Sie sind leer. Nur in der letzten Reihe sitzt eine Ordensschwester in einer dunkelblauen Kutte. Ihre grauen Locken schauen unter der weißen Haube hervor. Mit gefalteten Händen beugt sie sich über ihren Rollator, in dessen Körbchen ein offenes Gebetbuch liegt.

Ich nehme auf einem Stuhl auf der anderen Seite ganz hinten Platz. Ich lasse das Altarbild, das von einem Dachgiebel und Seitenwänden aus Glas umrahmt wird, auf mich wirken:

Durch die Installation fällt das graue Morgenlicht auf das Bild und verbreitet eine eher gedämpfte Atmosphäre, eine Verbindung mit der äußeren Welt.

Erich Horndasch hat mir einmal erzählt, dass die Blau- und Silbertöne der Stadt himmlisch schimmern, wenn Sonnenstrahlen das Glas berühren. Mich erinnern jetzt die Farben des Altarbildes an die Schneelandschaft um die Kinderklinik im Allgäu auf dem Aquarell, das er mir vor Jahren geschenkt hat.

Es raschelt in der Ecke. Den Rollator vor sich herschiebend, verlässt die Schwester die Kapelle. Ich bin jetzt alleine und setze mich in die erste Reihe, direkt vor das monumentale Altarbild. Mit geschlossenen Augen meditiere ich ein wenig, um mich zu sammeln. Vor dem Altar steht eine Bodenvase mit einem

Strauß von roten, weißen, orange- und lilafarbenen Gladiolen. Ich denke an meine Mutter und wie sehr sie Blumen liebt. Es kommt mir vor, als ob sie die Blumen für mich an diesem trostlosen Tag hingestellt habe. Vor meinem inneren Auge sehe ich Bilder von unserem ersten Besuch im Allgäu, 1998. Richard hat mich an die Hand genommen und zur Klinik geführt. Ich vermisse ihn. Wieder einmal bin ich ganz alleine.

In der leeren Kapelle kann ich meinen Tränen freien Lauf lassen. Mein ganzes Leben musste ich immer stark sein – doch in diesem Moment lasse ich mich einfach gehen. Hier fühle ich mich geborgen. Mir wird bewusst, dass Erich Horndasch mich hierhergeschickt hat, um mich Gott durch sein Kunstwerk nahezubringen.

In der Zwischenzeit hat sich der Himmel verdunkelt. Ein Regenschauer prasselt auf das Glasdach über dem Altarbild. Starke Windböen peitschen die Äste gegen die Glasscheiben. Ich weine wieder, ganz leise, wie das kleine Mädchen von damals. Später lasse ich meine Hand über das kühle, leicht gewellte Glas des Altarbilds streichen und betrachte es mir genauer. Ich habe mich wieder gefasst und sehe kleine, von einem Bildhauer geschaffene Bronzefiguren entlang der Wand. Mittlerweile hat es aufgehört zu regnen, und ich bin bereit, die Kapelle zu verlassen. Ich lasse mir dabei Zeit. Am Ausgang blättere ich durch ein paar Gebetsheftchen. Ein Heftchen über die Kunstwerke in der Kapelle stecke ich mir als Andenken in meine Tasche. Auf dem Tisch steht ein kleines Schild, das den Besucher dazu einlädt, ein Gebet niederzuschreiben.

Auf eine der grünen Karten schreibe ich:

»Lieber Gott, hilf mir, meine Geschichte so zu schreiben, dass sie niemanden verletzt und Heilung denjenigen bringt, die

ebenfalls in solch einer Kinderklinik gelitten haben. Ich danke
Erich Horndasch. Dieses Gebet kommt von weit her.«

In dem Moment, als ich das Kärtchen durch einen Schlitz in
einen Holzkasten werfe, sehe ich einen Stapel mit gelben Lese-
zeichen, auf denen ein Gedicht steht:

Aufhebung

Sein Unglück
ausatmen können

tief ausatmen
so dass man wieder
einatmen kann

Und vielleicht auch sein Unglück
sagen können
in Worten
in wirklichen Worten
die zusammenhängen
und Sinn haben
und die man selbst noch
verstehen kann
und vielleicht sogar
irgendwer sonst verstehen
oder verstehen könnte

Und weinen können

Das wäre schon
fast wieder
Glück
                    Erich Fried

Jetzt weiß ich, warum ich in die Kapelle kommen sollte. Mein Gebet hat sich erfüllt. Das Gedicht ist die Eingebung, auf die ich gewartet habe. In ihm fühle ich mich direkt angesprochen. Die Zeit ist gekommen. Ich werde meine Geschichte in meiner Muttersprache niederschreiben. Ja, ich bin dazu fähig – in einfachen Worten. Das Universum, Gott, Erich Horndasch und nun auch Erich Fried haben mir eine wichtige Botschaft überbracht, wie damals der junge Pfarrer in Madison. Der nächste Schritt auf dem Weg meiner Heilung hat sich mir offenbart.

Mit leichtem Herzen verlasse ich die Kapelle und das Krankenhaus. Ich besuche den Nymphenburger Schlossgarten, der Teil des Botanischen Gartens ist. An diesem trüben Tag ist nicht viel los. Es nieselt jetzt, ich muss meinen Schirm aufspannen. Regentropfen schimmern auf den roten, weißen, gelben und rosafarbenen Rosen. Auf einem Kiesweg schlendere ich durch einen grünen Tunnel aus Efeu-umrankten Spalierholzbögen. Dieser Pfad kreuzt sich mit einem anderen, und genau an dieser Kreuzung steht ein Bäumchen mit weißen Blüten. Kleine Bücher in Plastikhüllen baumeln von den Ästen. Auf einem Schild wird die Bewandtnis dieses Bücherbäumchens beschrieben: Es sind die Ausgaben des »Nymphenspiegels«, einer jährlichen Bücherserie von Lyrik, Prosa und Geschichten des »Nymphenspiegel Kulturforums«, inszeniert von Ralf Satori. Auf einem kleineren Schild daneben ist ein arabisches Sprichwort zu lesen: »Ein Buch ist ein Garten, den man in der Tasche trägt.« Wie verzaubert stehe ich noch länger bei den baumelnden, regengeschützten Büchlein im Botanischen Garten in München. Zur Zeit scheine ich Kunstwerke förmlich anzuziehen. Ist dies noch ein Zeichen für mich, meine Geschichte zu realisieren? Wieder ist für mich ein kleines Wunder geschehen. Ich fühle mich von einer höheren Macht geleitet.

Als ich in die USA zurückkehre, gebäre ich meine Geschichte auf Deutsch unter großen inneren Schmerzen. Ohne die Distanz einer fremden Sprache muss ich mein ganzes Kindheitstrauma wieder durchleben. Doch auch die Freuden des kleinen Mädchens kann ich jetzt noch tiefer empfinden.

Mit jedem Wort wächst meine Geschichte intensiver in mein Herz. Ich habe dem kleinen Mädchen von damals meine Stimme gegeben.

Als Anne 2005 von meinem Ort wegzieht, ist der Abschied von ihr sehr schmerzhaft. Zugleich bin ich jedoch bereit, etwas Neues anzufangen. Ich vertiefe meine Psychotherapie mit einem Psychoanalytiker. Dr. Waltmann ist ein älterer Herr mit einem runden, freundlichen Gesicht und weißen Haaren, die ordentlich auf die Seite gekämmt sind. Er strahlt etwas Humorvolles und Spielerisches aus. Gleichzeitig sind seine Einsichten und Bemerkungen treffend klar.

Wie Anne ist auch er Kinderpsychologe und behandelt Patienten mit Traumata. Dr. Waltmann meint, dass meine Allergien vielleicht eine psychosomatische Reaktion auf mein Kindheitstrauma seien.

In einer Behandlungsstunde unter Hypnose sehe ich mich in der Kinderklinik. *Ich habe das Gefühl, hoch über den Gebäuden der Klinik, den Wäldern und Bergen zu schweben. Es ist, als ob die Seele meinem Körper entwichen sei.*

Dr. Waltmann stimmt mit mir überein, als ich ihm sage, dass es mir vorgekommen sei, als ob ich meinen eigenen Tod erlebt hätte. Für einen kurzen Moment habe ich in das ewige Leben gesehen. Ich bin innerlich sehr bewegt und schreibe später ein Gedicht als Ausdruck für meine tiefe Traurigkeit und Trauer:

Meine Seele

Meine Seele schwebt durch
Berge und Wälder
und legt sich auf den Farn, der im Wind weht.

Meine Seele schwebt durch
Wiesen von Margeriten und Glockenblumen
und ruht in der Hand des Ahornblatts.

Meine Seele schwebt über
dem weißen Schloss mit seiner Steinmauer
und wird gehalten von einer Wolke, die verschwimmt.

Meine Seele schwebt durch
den Schlafraum mit seinen eisernen Bettchen
und schläft auf einem Kissen so weiß wie Schnee.

Meine Seele verharrt in der Kapelle,
wo ich sie finde,
wenn ich zurückkehre.

Die letzte Strophe verstehe ich selbst nicht ganz. Doch ich hoffe, dass mir diese Nachricht meiner inneren Stimme mit der Zeit klar werden wird.

Ich bleibe weiter mit Erich Horndasch in Kontakt. Briefe kann er nicht mehr schreiben, dafür telefonieren wir von Zeit zu Zeit. Er beteuert, wie gerührt er gewesen sei, als er das Kapitel über meine Erfahrungen in der St. Franziskuskapelle in München gelesen habe. Der Abbau seiner Gesundheit auf körperlicher und geistiger Ebene schreitet leider voran. Weihnachten 2009 schicke ich ihm die erste deutsche Version meines Buches, die ich gerade beendet habe. Sein Augenlicht ist schwach. Ich hoffe innigst, dass ein Freund ihm meine Geschichte vorlesen wird.

Ende März 2010 verbringe ich eine Woche in einem Kurort in den Alpen, nicht weit von Stammham entfernt. Als ich Erich Horndasch anrufe, scheint er mich nicht mehr zu kennen. Verwirrt und vergrämt wiederholt er mehrere Male, dass eine Schwester gestorben sei und dass er zu ihrer Beerdigung gehen müsse. Intuitiv fühle ich, dass er wahrscheinlich von seiner geliebten Barbara spricht. Kurz darauf muss ich abreisen, so dass es leider nicht mehr zu einem Besuch kommt. Meine Vermutung bestätigt sich später: Barbara Horndasch war am 10. März 2010 gestorben.

Zurück in den USA gehen Richard und ich am 1. Mai 2010 zu einem Konzert in der Carnegie Hall. Eine gute Bekannte von mir tritt dort mit der New York Choral Society auf. Als der Chor das »Requiem« von Mozart singt, überkommt mich ein Hauch von tiefer Traurigkeit, die ich noch nicht einordnen kann. Ein paar Tage danach erfahre ich von meinen Verwandten, dass Erich Horndasch am Tag des Konzertes gestorben ist. Er ist seiner geliebten Barbara gefolgt.

Zwei Jahre später, im April 2012, sind Richard und ich auf der Durchreise und kehren an einem grauen, nasskalten Morgen zu dem alten Pfarrhof in Stammham zurück. Der Garten ist verwildert, das Haus verlassen. Ein Mann mittleren Alters, der Mieter eines kleinen Hauses, das zum Grundstück gehört, tritt uns misstrauisch entgegen.

Ich stelle mich vor und bitte ihn, uns kurz in das Haus zu lassen. Der Mann zögert zuerst, doch dann merkt er wohl, dass wir keine bösen Absichten haben und schließt auf.

Innen ist es kalt. Die Küche sieht aus wie zuvor. Neben dem Waschbecken stehen abgewaschenes Geschirr, eine Schachtel Tee und eine Dose Kaffee. Niemand scheint etwas seit dem Tode Erich Horndaschs angerührt zu haben.

»Hier ist der kleine Koffer, den er mit zum Krankenhaus genommen hat«, sagt der Mieter mit traurigen Augen. Er zeigt auf einen kleinen Stuhl, unter dem ein Paar getragene Leder-schuhe stehen. »Ich kann es immer noch kaum glauben. Es ist jetzt alles so tot hier.«

Ich werfe einen kurzen Blick in das Zimmer neben der Küche. Dort steht das Bett, als ob Erich Horndasch gerade an diesem Morgen aufgestanden wäre: Die Bettdecke ist aufgeschlagen, das Kopfkissen aufgeschüttelt. Im Regal steht ein Bild von Erich und Barbara Horndasch als junges Ehepaar auf einer Wiese. Der Sommerwind bläst durch Barbaras Haare und bauscht ihren Rock auf. Sie halten sich an den Händen und sehen jung verliebt und glücklich aus. Ich hätte das Bild am liebsten mit-genommen. Das Ehepaar hatte keine Kinder, die es gerne als Erinnerung gehabt hätten.

Der Untermieter sieht, wie gerührt ich bin. Er führt uns, ohne ein Wort zu sagen, in das Atelier hinauf. Dort liegen auf dem Boden verstreut Zeichnungen und Blätter. Die Wände sind leer. Der Eichentisch mit den bunten Farbtuben und den Behältern mit den unzähligen Pinseln steht unberührt. Meine Gedanken wandern zurück zu unserer ersten Begegnung und zu der Viel-falt der Kunst und Farbenpracht, die ich hier angetroffen habe. Ein letztes Mal nehme ich das, was geblieben ist, in mich auf.

Der Untermieter ist so freundlich und gibt uns die Weg-
beschreibung zu Erich Horndaschs Grab. Es liegt auf dem
Friedhof neben der Kirche in Stammhamm, nicht zu verfehlen.
Wir finden das liebevoll gepflegte Grab von Erich und Barbara
vor. Töpfchen von bunten Primeln stehen auf der frisch gehark-
ten Erde. Der Grabstein besteht aus einem schön geformten
Marmorstein mit einem gehauenen Bild der heiligen Stadt
Jerusalem. Ein klarer Kristallstein, so groß wie eine Hand, liegt
daneben. Richard und ich stehen andächtig davor und beten für
die Seelen dieses lieben Paars.

Nicht weit entfernt liegt Burghausen, das Städtchen mit
Deutschlands längster Burg. Als wir dort durch die Straßen
schlendern, kommt die Sonne heraus. Der Marktplatz ist umgeben von Häusern aus der Renaissance, die in gelben, orange-
farbenen, grünen und blauen Pastellfarben leuchten. Erich
Horndasch hat mir einmal erzählt, dass er für die Auswahl der
historisch authentischen Farben verantwortlich war, als die Alt-
stadt renoviert worden ist. Meine Stimmung ist immer noch
etwas gedrückt. Doch hier ist er mir ganz nahe. Hier fühle ich
seine Präsenz.

»Erich weiß, dass du ihn heute in seinem Haus besucht hast«,
sagt Richard. »Er hat dir den Sonnenschein geschickt.«

Was mir außer den Erinnerungen und Briefen von Erich Horn-
dasch geblieben ist, ist das Winterbild, sein Geschenk an mich.
Heute hängt es über dem Kamin in meinem Haus. Es ist mein
Altarbild. Wenn ich auf eine Eingebung warte, stecke ich zwei
weiße Kerzen an, eine auf jeder Seite, und falte meine Hände.
Dann höre ich seine Stimme.

Kapitel 16: Sandspiel

»Der Engel auf dem Stein ist meine Seele
oder vielleicht auch mein Schutzengel«

An einem Samstagmorgen im Herbst 2005 treffe ich mich mit der Frauengruppe unserer Kirche in einem kleinen Buchladen. Im oberen Stock gibt es zwischen hohen Bücherregalen eine gemütliche Sitzecke. Sonnenstrahlen fallen durch eine Glaswand auf Kunstbücher, die auf einem Tisch ausgebreitet liegen. Kein Wölkchen steht am Himmel. Vor einem offenstehenden Fenster rascheln rot verfärbte Blätter eines Ahornbaumes im Wind. Es ist einer der glorreichen Tage des Indian Summers.

Seit Anfang des Jahres arbeite ich in einer Schule als Psychotherapeutin. Die mir anvertrauten Kinder sprechen nur wenig auf poesietherapeutische Interventionen an. Ich frage Jane, eine etwas ältere Dame unserer Frauengruppe, um Rat. Als Psychotherapeutin arbeitet auch sie mit Kindern und Familien und empfiehlt mir die Sandspieltherapie.

»Nimm einfach einen Tisch-Sandkasten«, sagt sie. »Dazu brauchst du ganz viele Figuren – Menschen, Tiere, Pflanzen, Gebäude, Fahrzeuge und einige Naturmaterialien, wie zum Beispiel Steine, Holz und Muscheln. Dann können die Kinder damit Bilder gestalten und ihre Geschichten erzählen.«

Ich solle mit den Metaphern der Kinder arbeiten, ohne ihnen direkte Fragen zu stellen, sie einfach beobachten und mich in ihre Fantasie hineinversetzen. Sie meint, nicht jeder könne auf diese Weise arbeiten, aber ich sei so einfühlsam, dass sie bei mir keine Zweifel habe. Ich vertraue Jane, denn sie ist in meinen Augen eine sehr spirituelle, tiefgründige und intuitive Frau. In ihrer Freizeit malt sie Aquarelle und interessiert sich für Hildegard von Bingen, die Mystikerin und Heilerin aus dem zwölften Jahrhundert.

Jane ist entzückt, dass auch ich in Bingen aufgewachsen bin. Im Herbst 1965, nach meiner Nachkur in Scheidegg, zogen wir von Worms nach Bingen am Rhein. Als sie von meinem Kindheitstrauma, meinen Allergien und vielen unwirksamen Heilmethoden hört, empfiehlt sie mir ein Buch über die Heilige Hildegard. Sie erzählt mir, dass Hildegard auch an allen möglichen Krankheiten gelitten habe, bis sie in ihren 40er-Jahren angefangen habe, ihre Visionen von Gott und der Heilung niederzuschreiben, um sie der Menschheit zu verkündigen. Vielleicht hat meine Heilung auch etwas mit meiner Geschichte und meinem Buch zu tun.

Inspiriert von Janes Ratschlag finde ich auf meinem Speicher einige Figuren, die noch von meinen Kindern stammen. Am gleichen Wochenende fahren Richard und ich zur Schule, um mein kleines Büro neu einzurichten. Während ich ein Regal in die Ecke schiebe, sortiert Richard meine Figuren.

»Ich kann mich noch daran erinnern, wie Eric mit den Dinosauriern gespielt hat«, meint er.

»Ja, dann gab er uns allen einen Dinosauriernamen«, erwidere ich lachend. »Wir hatten eine ganze Dinosaurierfamilie, und Eric hat uns gesagt, wer von ihnen ein Fleischfresser oder Pflanzenfresser ist.« Richard nimmt einen Sack voll Sand, den wir im Baumarkt gekauft haben. Er füllt den Kasten, der genau unter meine Couch passt.

Von Anfang an habe ich Erfolg mit dieser Spielmethode.

Unruhige und zappelige Kinder werden zusehends ruhig, wenn ihre Hände den Sand berühren und sie in ihr Spiel versinken. Ich lerne, dass man mit dieser nonverbalen Methode tief in die seelischen Schichten eindringen kann. Durch die »Bilder«, die durch die Figuren und Materialien im Sand entstehen, wird die innere Welt nach außen hin sichtbar gemacht und die selbstheilende Kraft der Psyche aktiviert. Innere Konflikte kommen zum Ausdruck und können gelöst werden.

Dr. Waltmann unterstützt mein Interesse an der nonverbalen, von Carl G. Jung inspirierten Sandspieltherapie. Doch ich weiß, um weiter in die Sandspieltherapie vorzudringen, brauche ich eigene Erfahrung.

Dr. Martha Robinson hat ein paar Jahre in der Schweiz gelebt und dort mit Dora Kalff gearbeitet, die Dr. Carl G. Jung persönlich gekannt und mit seiner Hilfe die Sandspieltherapie entwickelt hat. Ich habe Marthas Namen am Carl G. Jung Institut in New York gefunden und fühle mich zu ihr hingezogen, da sie nicht nur Analytikerin ist, sondern auch Künstlerin, die Kinderbücher illustriert.

In meinem ersten Sandspielbild bilde ich einen Kreis aus großen Steinen. Dort hinein stelle ich ein Bettchen mit einem kleinen Mädchen, dazu eine Ordensschwester, einen Koffer und eine Uhr. Ein kleiner Engel sitzt auf einem Stein und beobachtet das kleine Mädchen.

»Im Sanatorium ging die Zeit nicht vorbei«, erzähle ich Martha. »Hast du dich wie der ausrangierte Koffer in der Ecke gefühlt?«

»Ja«, erwidere ich. »Der Engel auf dem Stein ist meine Seele oder vielleicht auch mein Schutzengel.«

Martha erklärt mir später, dass die Steine meine innere Wunde seien, der dicke Schutz, den ich um mich aufgebaut habe. Mit der Zeit ersetze ich die Steine durch Eiszapfen, die irgendwann angefangen haben, zu schmelzen. Bäume und spirituelle Symbole, wie ein Kreuz und die heilige Jungfrau Maria, erscheinen immer häufiger in meinen Sandbildern.

»Die Jungfrau Maria ist ein archetypisches Mutterbild«, erklärt Martha. »Es hilft dir, die Wunde, die durch die Trennung von deiner Mutter entstanden ist, mit der positiven Energie der spirituellen archetypischen Mutter zu heilen.«

Martha spornt mich an, meine Kreativität weiterzuentwickeln. Ich solle an meinem Buch festhalten und nicht aufgeben. Mit der Zeit fühle ich mich zunehmend innerlich gefestigt und in heiterer Stimmung.

In meinem letzten Sandspiel stelle ich kleine Häuser in einem Kreis auf. Meine Wunde aus Steinen hatte sich in einen Kreis von Dorfleuten verwandelt, die eine junge Frau mit offenen Armen empfangen. Auf einem kleinen Berg steht eine Kirche. Daneben liegt ein Quadrat aus Ästchen, das das Grab des Künstlers symbolisieren soll. Ich lege ein kleines Holzherz und ein winziges rotes Buch darauf. Ich suche nach einem Regenbogen, doch Martha findet keinen. Stattdessen gibt sie mir einen offenen Malkasten mit bunten Wasserfarben, den ich als Hintergrund aufbaue.

Um meine Allergien zu heilen, habe ich schon viele Heilmethoden wie Kinesiologie, Akupunktur und Reiki versucht. Ich möchte glauben, dass sie mir geholfen haben, doch ich leide zum damaligen Zeitpunkt weiter an chronischer Sinusitis, Kopfschmerzen und Müdigkeit.

Ich versuche wieder eine neue Therapie, dieses Mal die Craniosacraltherapie bei Karolyn. Diese Frau hat die besondere Gabe, auf Signale des Körpers zu lauschen. Das Brennen, das sich auf meinen Lungen kürzlich entwickelt hat, kann sie erfolgreich behandeln, so dass ich kein Asthma entwickele. Sie meint, dass ich immer noch Trauerarbeit leisten müsse, denn in der Chinesischen Medizin seien Probleme an den Lungen mit Trauer verbunden. Zwischen meinem Sandspiel, der Craniosacraltherapie und meinem Schreiben bildet sich ein Synergieeffekt.

Nach einer besonders tiefen Behandlung im Januar 2011 fließen meine Gedanken wieder Zeile für Zeile in einen Text:

Als Jörgi wegfuhr, verschwand auch Kerstin.
Sie krabbelte in einen tiefen Tunnel.
Nach außen war sie immer noch das kleine Mädchen
mit den blauen Augen und dem süßen Lächeln.
Aber ihre Seele hatte ihren Körper verlassen
und wehte im Wind oder veschwamm manchmal
wie die Wolken am Himmel.

Ihr Körper schien auch zu verschwinden.
Ihre kleinen Beine waren
wie von einem Vögelchen federleicht.

Es war schon so lange her,
dass sie in ihrem Körper gewohnt hatte.
Leichter war es sich vor den Schwestern,
Ärzten und Kindern, die sie nicht kannte, zu verstecken.

Flog sie auf einem magischen Teppich
an einen Platz von bunten Farben mit
Schiffen auf dem Meer, Blumen und duftenden Wäldern?
Oder versteckte sie sich in einer muffeligen feuchten Höhle
wie ein Bär im Winterschlaf?
Oder saß sie an einem Fluss

in Nebel eingehüllt?
Oder war sie nur ein Geist,
der nachts durch die Felder fegte?

Es war schon so lange her, dass sie
ihre Finger und Zehen und den Wind
in ihren Haaren spüren konnte.
Niemand hielt sie in den Armen
wie ihre Mutti.
Sie hatte die Konturen ihres Körpers vergessen,
wie ausradiert von einem ungeduldigen Kind.

Mit der Zeit finden mein Körper und meine Seele wieder ihren Einklang. Ich spüre mehr Energie und Lebenskraft.

Im Juli 2011 machen Richard und ich im südlichen Teil des Adirondack Gebirges Urlaub. Wir verbringen die Zeit in einem kleinen Appartement in einem hübsch renovierten Motel am Sacandaga See. Die Besitzer, ein junges Ehepaar, Julie und Mike, sind beide Künstler. Einen alten Schuppen mit Blick auf den See, der gleich neben ihrem Wohnhaus liegt, haben sie zu einem Keramikstudio umgebaut. Julie verkauft dort ihre Töpferwaren. Mike, ein begabter Holzschreiner, hat unser Appartement geschmackvoll mit Holz verziert. Wir freuen uns auf das Wandern und fragen Julie nach einer Empfehlung.

»Da gibt es einen Weg, der an drei Wasserfällen vorbeiführt. Aber vergesst eure Badesachen nicht!« Auf ihrem Weg zurück ins Studio dreht sich Julie noch einmal um: »Gebt nicht auf, der dritte Wasserfall ist hoch oben auf dem Berg. Es lohnt sich.«

Richard und ich packen Brote und Wasserflaschen in unseren Rucksack. Die Badesachen lassen wir jedoch daheim; unnötiger Ballast, denken wir.

Im Wald ist es ungewöhnlich luftfeucht. Moskitos schwirren um uns herum. Bald erreichen wir den ersten Wasserfall. Eine Frau im Badeanzug watet dort durch einen Teich. Wir gönnen uns keine Pause und klettern den steilen Weg durch den Wald hinauf. Unterwegs mache ich ein Foto von einem Baum, der auf einem hohen Stein wächst und dessen Wurzeln bis zur Erde reichen. Welche Anstrengung dieser Baum unternimmt, um seine Wurzeln zu verankern … wie ich in der Kinderklinik.

Nach einer Weile sind wir am zweiten Wasserfall und pausieren im Schatten einer Kiefer. Vor uns stürzt in rauschenden Kaskaden das Wasser in den Bach. Schwitzend klettern wir über Steine und Wurzeln weiter den Berg hinauf. Wir haben keine Ahnung, wie weit es zum dritten Wasserfall noch ist. Wir sind müde und durstig und kurz davor, umzukehren.

»Vergiss nicht, was Julie gesagt hat.« Richard klopft mir ermunternd auf die Schulter. Erschöpft lehne ich mich an einen kühlen Felsen. Dann klettern wir an der Kante einer Schlucht weiter. Tief unten fließt der Bach. Endlich erreichen wir den dritten Wasserfall. Julie hatte recht, der Anblick ist spektakulär.

Das Wasser sprudelt über einen senkrecht abfallenden Felsen in eine Grotte, die zu einem kleineren Wasserfall führt. Wir klettern zur Grotte hinunter und waten vorsichtig am Rand über Steine. Komplett verschwitzt wünschen wir uns jetzt, dass wir doch unsere Badesachen mitgenommen hätten.

Ich schaue mich um. Weit und breit ist kein Menschen zu sehen. Schnell ziehe ich mich aus und springe in das tiefe Wasserbecken. Mehrere Male schwimme ich wie ein Naturkind umher, sonne mich kurz an einem Felsen am Ufer und tauche wieder ein in das eiskalte Wasser.

Erfrischt fühle ich mich, wie neugeboren.

Dann schlüpfe ich noch halbnass in meine Kleider und hüpfe singend den Berg hinunter. Ich bin dem kleinen Mädchen wieder begegnet – dem abenteuerlustigen, übermütigen Kind.

Kapitel 17: See

»Ich spüre die Weite dieses Landes, die unberührte Natur«

Seitdem unser Assistenzpfarrer die TB-Sanatorien im Norden des Staates New York in seiner Predigt erwähnt hat, wollte ich einmal dorthin fahren. In dem Motel am Sacandaga Lake, wo wir im Juli 2011 waren, las ich bei Internetrecherchen über einen Dr. Edward L. Trudeau. Er soll schon in den 1880er Jahren im nördlichen Adirondacks Gebirge in dem kleinen Ort Saranac Lake im Bundesstaaat New York eine weltbekannte Tuberkuloseklinik gegründet haben.

Einen Monat später fahren wir also wieder gen Norden. Dieses Mal bringen wir unseren Sohn Eric nach Montreal zur »McGill University«, wo er jetzt studiert. Auf der Heimreise wollen wir einen Abstecher nach Saranac Lake machen. Wir hoffen, dort mehr über den berühmten Doktor und seine Lungenheilstätte herauszufinden.

An diesem Wochenende hat der Hurrikan Irene die Ostküste verwüstet. Am Montag ist er schon vorbeigezogen. Der Himmel leuchtet tiefblau, und die Sonne scheint auf die vom Sturm entwurzelten Bäume. Wir fahren durch die bergige Landschaft, an Bächen vorbei, die zu reißenden Flüssen angeschwollen sind, und Häuser und Brücken überflutet haben. Das Funklicht von Polizei- und Feuerwehrautos warnt uns vor Bäumen, die die Straße blockieren. An einer Stelle ist eine Brücke zusammengebrochen. Nach der vierten Umleitung fährt Richard an den Straßenrand. »Komm, wir fahren zurück auf den Highway«, sagt er. Er ist am Ende seiner Geduld. »Ich glaube nicht, dass wir heute noch nach Saranac Lake kommen werden.«

Aber ich bestehe darauf, ich möchte nicht aufgeben. »Wir sind doch schon so weit gekommen. Lass uns weiterfahren!«

Etwas knurrend gibt Richard nach.

Irgendwann kommen wir dann auch tatsächlich in Saranac Lake an und halten vor einer Touristenauskunft.

Hier erfahren wir, dass es früher eine selbstgeführte Tour zu den verschiedenen Kurhäuschen, den *cure cottages*, gegeben hat. Da diese Tour nicht mehr existiert, schlägt uns die Frau von der Touristenauskunft vor, stattdessen das Labor von Dr. Trudeau in einem roten Backsteinhaus neben der Kirche zu besichtigen. Leider stellen wir fest, dass es wegen Renovierungen geschlossen ist. Als wir auf dem Parkplatz hinter dem Gebäude umdrehen wollen, fällt mir auf, dass die Hintertür ausgehängt ist und ein Handwerker ein- und ausgeht. Eine Dame des Personals erlaubt uns, das kleine Museum kurz anzusehen.

Alte Schwarzweiß-Fotografien von Dr. Trudeau und seinen Ärzten im Labor mit weißen Mänteln, Mikroskop und Reagenzgläsern hängen an den Wänden. Wir erfahren, dass sie unermüdlich nach einem Medikament zur Heilung von Tuberkulose geforscht haben. Auf anderen Bildern sehen wir Winterszenen aus dem Ort und von Patienten in dicken Pelzmänteln vor den Kurhäusern. Pferdekutschen stehen vor dem alten Bahnhof.

Die Tür zu einem kleinen Geschenkeladen im Museum steht offen. Auf einem Tisch entdecke ich eine Broschüre über eine Martha Reben, eine frühere Patientin der Klinik, die ein Buch über die heilende Wirkung der Natur geschrieben hat.

Diese Frau interessiert mich. Ich spüre eine Verbindung zu ihr. Später lese ich, dass sie nach vielen Jahren in der Klinik geschwächt und fast bettlägerig geworden ist. 1931 ist sie Mitte Zwanzig, und eine letzte Operation soll ihr helfen. Doch sie sträubt sich. Auf eigene Faust und Verantwortung vertraut sie sich einem Bergführer an, der ein kleines Camp für sie auf einer Insel in einem See des Adirondack Gebirges aufbaut. Auf ihren Wunsch führt er sie in die Geheimnisse der Natur ein. Alles, was sie dort über die Tiere und Pflanzen lernt und erlebt, notiert sie in ihrem Tagebuch. Nach diesem Sommer mitten in der Natur geht sie nie wieder in ein Sanatorium. Sie wird Schriftstellerin und führt ein erfülltes, stets naturverbundenes Leben.

Ich erkenne ein Echo in meiner eigenen Geschichte. Ich lese nach unserer Rückkehr ihre Bücher mit großem Interesse, lasse mich von ihr inspirieren. Immer wieder stoße ich auf Licht-blicke und Verbindungen, die den Weg für mich und mein Buch weisen.

In dem Ort Saranac Lake erfahren Richard und ich, dass das Trudeau Institute, ein Forschungszentrum für Immunkrank-heiten, etwas außerhalb liegt – dort, wo früher die TB-Klinik Dr. Trudeaus stand. Oben auf einem Berg entdecken wir das Institut, ein mehrstöckiges, modernes Gebäude mit großen Glasfenstern. Eine Auffahrt führt uns zum Haupteingang des Gebäudes und dann zum »Little Red«, dem ersten Kurhäus-chen von 1885. Das rote Häuschen mit den weißen Giebeln und einer Holzveranda befand sich ursprünglich in der Ortschaft. Es wurde später hierher transportiert, auf einer kleinen Anhöhe am Waldrand. Das *cure cottage* ist jetzt ein Denkmal für die frühe Behandlung von Tuberkulosepatienten.

Da die Tür verschlossen ist, inspizieren wir durch das Fenster den kleinen, spartanisch eingerichteten Raum: an den beiden Seiten je ein weißes Gitterbett, dazwischen ein alter, schwarzer

Kohlenofen und in der Mitte des Raums ein kleiner runder Tisch mit einer weißen Emaillekaraffe. Das Informationsschild berichtet über zwei an Tuberkulose erkrankte Schwestern, Fabrikarbeiterinnen aus New York City, die längere Zeit zur Genesung in diesem Häuschen gelebt haben.

Ich kann mich nicht dazu durchringen, in das Forschungsinstitut einzutreten, um vielleicht weitere Informationen zu finden. Ein diffuses Angstgefühl, das ich schon im Allgäu bei unserem ersten Besuch in der Kinderklinik 1998 empfunden habe, hält mich wohl davon ab.

Wir haben noch eine lange Heimreise vor uns und wollen gerade wieder ins Auto steigen. Pötzlich sehe ich an einem Holzpfahl ein Schild mit der Aufschrift »Dr. Trudeau's Memorial«. Ein Pfeil zeigt auf einen Weg hinter das Institut.

Neugierig folgen wir dem Pfad. Zu unserem Erstaunen öffnet sich vor uns eine große Rasenfläche, die sich bis hinunter zum See erstreckt, dem Lower Saranac Lake. Bei klarer Sicht und strahlend blauem Himmel zeichnet sich in der Ferne eine Bergkette ab, die den See umrahmt. Die Weite dieses Landes, die unberührte Natur sind spürbar.

Unten am Hang, kurz vor dem Ufer, erheben sich hohe Kiefern. Durch sie hindurch glänzt der See im Sonnenschein. Kleine Inseln schwimmen wie grüne Tupfer auf dem ruhigen Wasser. Richard legt seinen Arm um meine Schultern. Wir sind beide ergriffen und nehmen den atemberaubenden Blick in uns auf.

Nach einer Weile wende ich mich um. Vor mir erhebt sich das *Memorial*, ein Bronzedenkmal von Dr. Trudeau. Es wurde 1918 von dem berühmten amerikanischen Bildhauer Gutzon Borglum geschaffen. Die lebensgroße Statue zeigt den Arzt als alten Mann, zurückgelehnt auf einem Kurstuhl oder *cure chair*, einer

Art Rollstuhl mit hoher Lehne, mit einer Decke auf den Knien. Mit einem ausdrucksvollen Blick voller Weisheit und Schmerz scheint er auf den See und in die Ferne zu blicken. Melancholie geht von ihm aus. Voller Ehrfurcht spüre ich, wie das Leiden der unzähligen Kranken auf ihm gelastet haben muss. Dazu kämpfte er selber in seinem Leben mit der Tuberkulose.

Das Motto des Arztes steht als in den Stein gehauene Inschrift auf der Rückseite der Statue: *Guérir quelquefois, soulager souvent, consoler toujours* (Heilen manchmal, lindern oft, trösten immer). Es zeugt vom Stand der damaligen Wissenschaft, in der eine Tuberkuloseerkrankung oft nicht heilbar war.

Nach dem Tod Dr. Trudeaus ist das Denkmal von vielen Patienten in Dankbarkeit für ihre Heilung gestiftet worden. Eine helle Marmorbank umgibt es in einem Halbkreis. Hier nehme ich Platz und lasse meinen Blick über die Rasenfläche schweifen.

Es ist so unendlich still, und ich gehe ganz in mich hinein. Patienten aus der alten Zeit auf ihren Kurstühlen erscheinen vor mir. Ich kann fast eine leichte Decke auf meinem Schoß spüren, die im Sommerwind weht. Die Luft ist erfrischend und würzig. Ich sehe Frauen, Männer und Kinder vor mir, manche spazieren langsam durch das Gras, andere ruhen sich auf einer Bank aus oder liegen auf ihren Betten und Kurstühlen. In diesem Moment wird mir bewusst, dass sie alle Kinder des Arztes sind – und dass auch ich eines davon bin.

Ich spüre, wie meine Geschichte in die größere Geschichte der TB-Epidemie in Amerika, Deutschland und der ganzen Welt einfließt. In diesem Moment liegt ihre ganze Last, ihr Terror, auf mir. Ich fühle mich mit dem Leiden so vieler Menschen und damit auch mit einem universellen Schicksal verbunden. Diese Einsicht vibriert tief in meinem Körper. Wie ein gewaltiger

Sturm brausen Gefühle auf, die mich tief erschüttern. Tränen überfluten mein Herz.

Glatt und ruhig liegt der See vor mir. So sehr ich mich in diesem Moment auch an die Krankheit gekettet fühle – ich, das Kind, bin auch irgendwie erlöst von ihr durch den Anblick des Sees. Mit seiner heilenden Kraft muss er die Patienten hier gestärkt haben. Das Wasser symbolisiert für mich die Reinheit der Seele und auch eine gewisse Befreiung einer mir vielleicht unbewussten Scham über die Krankheit. Auch hier finde ich ein Muttergefühl in der Kraft der Natur wieder. Der See ist für mich wie ein Mutterleib, der ein neues, gesundes Leben hervorbringen kann. Die vielen vergossenen Tränen, die meinen Schmerz gelöst haben, fließen in ihn. Ein tiefer Seelenfrieden breitet sich in mir aus – ähnlich, wie uns nach den Verwüstungen des Hurrikans dieser sonnenreiche Tag geschenkt worden ist.

Ich stelle mir Erich Horndasch auf dieser Anhöhe vor. Er würde mit einem Pinsel in der Hand vor seiner Staffelei sitzen und seinen Blick über den weiten See und das Adirondack Gebirge schweifen lassen. Mit seinem verschmitzten Lächeln und seiner Farbpalette hätte er auch hier die Herzen vieler Kinder erfüllt.

Noch einmal führt es mich zurück zu den Tannen und Wäldern der Kinderklinik im Allgäu:

Die Tannennadeln unter meinen Füßen, der würzige Duft in meiner Nase – all das hat mich mein ganzes Leben lang begleitet. Die Tannen haben mich, das kleine Mädchen, getröstet und beschützt, mir Wurzeln gegeben. Sie waren meine Familie, meine Heimat. Aber dort hatte es, außer einem Bächlein, keinen See gegeben. Erst jetzt merke ich, wie sehr mir das Wasser gefehlt haben muss. Eric hat mich durch seine Predigt hierher geführt. Ich sollte dem See begegnen, um zu heilen.

Kapitel 18: Schatzkiste

»Jetzt bin ich das kleine Mädchen auf dem Zauberberg«

Ende März 2015 kehre ich an einem regnerischen, stürmischen Tag wieder zur Kinderklinik zurück. Windböen peitschen den Schneeregen und stülpen meinen Regenschirm um. Ein außerordentlich ungemütlicher Tag. Ich bin froh, als ich von einer Angestellten an der Rezeption warmherzig begrüßt werde.

In diesen Monaten arbeite ich mit einer deutschen Schreibcoachin. Wir möchten einige Recherchen vor Ort machen. Vielleicht gibt es ja auch noch alte Fotos der Klinik, die für mich interessant sein könnten.

Zum ersten Mal habe ich die Erlaubnis bekommen, mir das Gebäude auch innen anzusehen. Die Klinikleitung bietet seit einiger Zeit ehemaligen Patienten Führungen an. Meine Begleitung, eine Kinderpädagogin, führt mich in modernisierte, aber auch ursprünglich belassene Teile des weitläufigen Hauses. Bei der Führung begegnen wir kaum jemandem. So bleiben die jungen Patienten anonym, die ärztliche Schweigepflicht gewahrt.

Ich befinde mich in einem schmalen, heute grünlich gestrichenen Gang, der an jeder Seite von einer Rundbogentür abgeschlossen wird. Links von mir eine Reihe großer Fenster, gegenüber geschlossene Türen mit kleineren, undurchsichtigen Guckfenstern, von bunten Gardinchen umrahmt. Dahinter seien damals die großen Schlafsäle gewesen; jetzt habe man sie in kleinere Zimmer aufgeteilt, sagt meine Begleitung einfühlsam. Ein kalter Schauer läuft mir über den Rücken. Mein ganzer

Körper bebt mit der Erinnerung an diesen Ort. Das kleine Mädchen Kerstin war hier, genau an dieser Stelle! Ergriffen spüre ich in diesem Moment seine Einsamkeit, seine Verletzbarkeit und auch seine Angst. Hatte die Schwester mein Gitterbettchen zur Strafe für mein Weinen hier hingerollt? Hatte ich hier, ausgegrenzt aus dem Schlafsaal, diese einsame, furchterregende Nacht verbracht? Ich frage mich, hinter welcher Tür wohl mein Schlafsaal gewesen ist. Noch lange nach meinem Besuch werde ich von dieser Erinnerung verfolgt.

Wir steigen auf einer mir irgendwie bekannten, holzknarzenden Wendeltreppe in die oberen Stockwerke. Bin ich hier gewesen, als wir an dem einen Sonntag in den vierten Stock ausgebüxt sind? Meine Angst, *für immer* hier bleiben zu müssen …

Im Untergeschoss ist die Turnhalle mit der Bühne, auf der die kleinen Ballerinas getanzt haben. Auch hier hat sich nicht viel verändert. Alles wirkt nur viel kleiner. Später erzählt mir meine Schreibcoachin, die mich bei dieser Führung begleitet hat, wie akkurat meine Beschreibungen in meiner Geschichte gewesen seien. Erstaunlich, denn ich hatte ja nur ganz wenige bewusste Erinnerungen gehabt.

Zum Abschluss führt uns die sympathische Mitarbeiterin in die heutige Hauskapelle. Der weite Raum mit den Holzbänken unter dem offenen Holzgiebel und den raumhohen Fenstern sei früher die Schlechtwetter-Liegehalle für die Kinder gewesen. An sonnigen Tagen ist die Kapelle sicher von Licht durchflutet. Andächtig sehe ich mich um. Ich vergesse, zu fragen, wo sich die Hauskapelle für die Ordensschwestern befunden hatte.

Plötzlich fällt mir vor den Fenstern in einer Ecke das Projekt einer Jugendgruppe auf: Auf einem goldfarbenen Stofftuch steht eine ziemlich große, ebenfalls goldglänzende Schatzkiste.

Merkwürdig, in meinem Sandspiel habe ich oft eine Miniatur-schatzkiste benutzt, als Symbol für mein Buch. Beglückt bleibe ich davor stehen. Zugleich spüre ich die Präsenz des Malers. Nur er konnte mich hierhergeführt haben.

Jetzt bin ich das kleine Mädchen auf dem Zauberberg.

Das kleine Mädchen hat endlich seinen Schatz gefunden.

Nach der Führung und einer wärmenden Suppe in einem Gast-haus gehe ich in einen Geschenkladen. Wie so oft bin ich auf der Suche nach neuen Miniaturen für meine Sandspielsamm-lung. Neben einem puppenhausgroßen, hölzernen Bauernhof lehnen eine winzige Gerätschaften: Rechen, Besen, Säge, Harke und eine Schaufel. Ich denke mir nicht viel dabei.

Erst mit Hilfe eines weisen schweizerischen Sandspielthera-peuten wird mir bewusst, dass die Zeit gekommen ist, meinen Schatz auszugraben. Für mich bedeutet das, alle Fähigkeiten und Schätze, die noch in mir schlummern, neu zu entdecken und zu realisieren. Meine lyrische Stimme hatte vorhergesagt:

Meine Seele verharrt in der Kapelle,
wo ich sie finde,
wenn ich zurückkehre.

Wenn ein Kind durch ein Trauma innerlich zersplittert ist, bleibt seine Seele doch unantastbar wie ein Juwel. Dieses Juwel liegt nun in der Schatzkiste – so, wie das Buch in meinen Händen.

Jetzt, am Ende meines langen Weges, sagt mir meine innere Stimme: »Schau noch einmal in die Bibel und lies die Geschichte der blutenden Frau erneut.« So entdecke ich, dass die Heilungs-geschichte der Frau in eine andere, noch größere Heilungs-geschichte eingebettet liegt (Matthäus 9:18-26):

Die Tochter des Jairus

»Während Jesus ihnen das erklärte, kam ein Synagogen-
vorsteher zu ihm, warf sich vor ihm nieder und sagte:
»Meine Tochter ist gerade gestorben. Komm und leg ihr
die Hände auf, dann wird sie wieder leben!«
Jesus stand auf und folgte dem Mann.
Auch seine Jünger gingen mit.
Unterwegs trat eine Frau, die seit zwölf Jahren
an Blutungen litt, von hinten an Jesus heran und
berührte einen Zipfel seines Gewandes.
Denn sie sagte sich:
»Wenn ich nur sein Gewand berühre, werde ich gesund.«
Jesus drehte sich um, sah sie an und sagte:
»Hab keine Angst! Dein Vertrauen hat dir geholfen.«
Im selben Augenblick war die Frau geheilt.
Jesus kam in das Haus des Synagogenvorstehers.
Als er all die lärmenden Trauergäste und die Flötenspieler
für das Begräbnis sah, sagte er:
»Hinaus mit euch! Das Mädchen ist nicht tot, es schläft nur.«
Da lachten sie ihn aus.
Aber Jesus ließ die Leute hinauswerfen, ging in das Zimmer
des Mädchens und nahm es bei der Hand; da stand es auf.
Die Nachricht verbreitete sich in der ganzen Gegend.«

Die heiligen Worte dringen tief in mich ein und lösen Wogen
von Emotionen aus. Wieder fühle ich mich geleitet und
getragen. Warum soll ich jetzt, am Ende meiner Geschichte,
diese Nachricht bekommen? Diese Botschaft erscheint mir
als eine Deutung: Meine Heilung von der Tuberkulose und

Jahrzehnte später auch die Seelenheilung der kleinen Kerstin waren schon von kleinstem Alter an vorbestimmt. Es ist, als ob sich mein Heilungsweg in dieser so viel größeren Heilungsgeschichte widerspiegeln soll. Mit dieser Lesung schließt sich die Kette, in der sich meine Erlebnisse und Erfahrungen von Gottes Gnade wie leuchtende Perlen aneinander gereiht haben. Ich erinnere mich an den Rest des Gedichtes, das ich spontan nach der Körperheilungsstunde mit Karolyn geschrieben hatte:

Eines Tages lief sie durch den Wald
und er stand da, der Maler
mit seinem beklecksten Mantel,
buschigen braunen Haaren, breitem Lächeln
seiner Staffelei, Farbpalette und Pinsel.

Wie ein kleiner Tannenbaum stand sie in der Lichtung.
Die Sonne fiel auf ihre blonden Haare,
und er fing an zu malen, den blauen Himmel,
ihre blonden Haare und blauen Augen,
ihre Arme und Beine, ihr rotes Kleidchen,
die Bäume um sie herum,
und als er sie mit seiner Seele malte,
ihre Seele, nur ein winziges Flackern,
wurde zu einer Flamme, so hell und glühend,
dass sie alle Kinder um sich herum wärmen konnte.

Sie fing an zu singen und zu tanzen
und drehte sich immer wieder im Kreis.
Er steckte ihr einen Pinsel in die Hand ...

In diesem Moment begann ich, mein eigenes Bild in bunten Farben zu malen.

Epilog: Fügung

Als ich zu schreiben anfing, dachte ich, dass in dem kleinen Mädchen nur eine dunkle und lebenslang traurige Geschichte verborgen liegt. Doch durch die Bilder und Eindrücke, die ich durch meine Rückkehr zur Prinzregent-Luitpold-Kinderklinik 1998 erfahren habe, entdeckte ich in der Vorstellungswelt des kleinen Mädchens eine Welt voller Farben, Licht und Natur. Oft genug waren nur Fragmente von Erinnerungen gespeichert. Durch ihre Intensität konnten sie jedoch mein Unterbewusstsein aktivieren.

Beim Schreiben lief wie eine Art Film vor mir ab. Er zeigte mir meine Geschichte: Die Erzählungen von Tante Rosi, meinen Eltern, Erich und Barbara Horndasch und auch die Briefe der Klinikleitung wurden mir zu Wegweisern, um die sich meine Geschichte fantasievoll rankte. Wie das Winterbild des Künstlers mit seinen verschwommenen Konturen – so wurde auch meine Geschichte zu einem inneren Bild von Realität und Traum.

Der Rückblick in die Vergangenheit hat mir geholfen, mein Kindheitstrauma zu verarbeiten und mich mit meinem Schicksal zu versöhnen.

Ob ich dem Maler damals schon wirklich begegnet bin, werde ich nie erfahren – doch als ich ihn zum ersten Mal traf, kam er mir eigentümlich vertraut vor. Ich bin mir sicher, dass unser Treffen von der Fügung bestimmt war. Er inspirierte mich und führte mich zur St. Franziskuskapelle, in der ich in Form des Gedichtes die Botschaft bekam, mein Buch in meiner Muttersprache zu schreiben. So konnte ich auch den Weg zu mir zurückfinden. Ich musste die Erinnerungen des verletzten inneren Kindes noch einmal aus den tiefsten Schichten des Unterbewusstseins hervorbringen, um diesem Kind – mir – wieder zu begegnen. Als ich diese Wunde offengelegt habe, konnte das Kind Gottes Gnade und Heilung empfangen. Jetzt weiß ich, dass das kleine tapfere Mädchen von damals immer ein Teil von mir sein wird. Nun strahlt in mir, der erwachsenen Frau, auch die Seele des Kindes wieder hell.

Die Seelenverbindung, die ich zu dem Maler bis heute empfinde, läuft wie ein roter Faden durch meinen Heilungsweg.

Dank

Mein Dank gilt:

Andrea Richter und Sabrina Gundert, meinen deutschen Schreibcoachinnen, die beide wertvolle Beiträge und Lektorate geleistet haben. Ihr habt mich einfühlsam begleitet und an meine Geschichte geglaubt. Sabrina, du hast mir von Anfang an Mut gemacht und mich inspiriert. Andrea, du hast meine Augen für neue Erzählweisen geöffnet und bist mit Ausdauer und Präzision die letzten Schritte mit mir gegangen. Danke für das finale Lektorat wie auch das Layout.
Lorraine Ash, meiner amerikanischen Schreibcoachin. Lorraine, danke für dein Engagement und deine Gabe, tiefere Zusammenhänge zu sehen.

Corina Witte-Pflanz, für ihre Geduld bei der Covergestaltung, bis alles genau gestimmt hat. Menina Schmidt für die prompte und freundliche Ausführung des ersten Buchsatzes.

Marianne, meiner Verwandten, die sich von Anfang an für meine Geschichte begeistert und mich stetig unterstützt hat. Irmgard und Albert, die mich mit Erich Horndasch in Verbindung gebracht haben.

Susan, die mit ihrem kreativen Geist meinen Drang zum Schreiben teilt. Sherry und Perrie, die mich in die Poesietherapie eingeführt haben.

Liz und Anne, die mir in den Anfangsstadien wichtige Ratschläge gegeben haben wie *show don't tell*, so wie auch Julie von Women Reading Aloud mit ihren Schreibgruppen. Vielen, die mich durch ihre eigenen Geschichten in den Workshops berührt und mir den Mut gegeben haben, meinem Weg zu folgen – vor allem Cindy, durch unsere gegenseitige Unterstützung und Hilfe.

Meinen Freundinnen, Laurie, Tracy, Kathy, Barbara und Teresa, die mir Ansporn bei unzähligen Tassen Tee und Feedback für mein Buch gegeben haben.

Meinen Jugendfreunden Gabi und Wolfgang, die noch einmal die Wege in Scheidegg mit mir gegangen sind.

Allen, die mich professionell und mit Hingabe unterstützt und begleitet haben bei Psychotherapie, Sandspieltherapie, Energiearbeit und Eponaquest (pferdegestütztes Erfahrungslernen).

Den Ärzten und Schwestern in der Kinderklinik in Scheidegg, die sich um mich gekümmert und mir Heilung gebracht haben.

Meinen Eltern für eure Liebe, euer Verständnis für meinen Heilungsweg und euren Mut, die alten Wege in Scheidegg noch einmal mit mir zu gehen. Mutti, du warst immer bei mir. Vati, danke, dass du die Briefe von der Kinderklinik für mich aufgehoben hast. Ohne sie hätte ich meine Geschichte nicht erzählen können. Meinen Geschwistern für die Erlebnisse und Erfahrungen, die wir geteilt haben. Hans-Jörg, danke für deine Fürsorge und Abenteuerlust schon in ganz jungen Jahren.

Anja, danke für deine Unterstützung und dein Talent, mich zum Lachen zu bringen. Tante Rosi, danke für die Erinnerungen, die du mit mir geteilt hast und die Lebenslust, die du mir gezeigt hast.

Zusätzlich ein Dank an die vielen Freunde und Verwandten, die meine Eltern und meine Familie während unserer Krankheit unterstützt haben, besonders Omi Charlotte, Großeltern Bruno und Else, Onkel Hans, dem Mann von Rosi, und Onkel Walter mit Tante Helga.

Mein größter Dank gilt meinem Mann Richard, meinem stetigen Begleiter durch dick und dünn. Ohne deine Liebe, Geduld und stetige Unterstützung hätte ich das alles nicht so gut geschafft. Dein Feedback und literarisches Gespür waren einzigartig. Und natürlich vor allem unseren Kindern, Janine, Lisa und Eric, die sich nie beschwert haben, wenn ich wieder von meinem Buch gesprochen habe. Ihr seid mein Licht, und euch gehört mein Herz.

Quellen

Erich Fried »Aufhebung« aus: Beunruhigungen, Verlag Klaus Wagenbach, Berlin 1984
Abdruck mit freundlicher Genehmigung des Verlags.

Zitate von Erich Horndasch auf Seite 5 aus:
Christa und Willi Steger, Hans Schopf: »Erich Horndasch – Der Maler aus Stammham«, Ohetaler-Verlag, Riedlhütte 2004.
Abdruck mit freundlicher Genehmigung des Verlags.

»Elisabeth-Serenade«, Musikstück des britischen Komponisten Ronald Binge, 1951 (13. Fassung, Werk 363580); deutsche Textfassung »Hör mein Lied, Elisabeth« von Erich Walln-Schaefer.
Nach Informationen der GEMA, Berlin.

Ansichtskarte »Kinderklinik Prinzregent Luitpold Scheidegg im Allgäu«, gelaufen, frankiert »Deutsches Reich«, Poststempel unleserlich.

Das Aquarell von Erich Horndasch auf Seite 148 und alle weiteren Abbildungen und Dokumente stammen aus dem Besitz der Autorin.

Klinikbrief 30. Juli 1963

PRINZREGENT LUITPOLD KINDERKLINIK
SCHEIDEGG IM ALLGÄU

CHEFARZT: DR MED.

Scheidegg (Allgäu), 30. Juli 1963

Sehr geehrte Familie Wiebe!

Gern kommen wir heute Ihrem Wunsche nach und geben Ihnen einen Bericht
über das Befinden Ihrer beiden Kinder. Zunächst zu Jörgi: Auch bei uns
ist bisher die Durchtestung auf Tuberkulose in allen Konzentrationen
negativ ausgefallen, so daß die röntgenologisch wohl feststellbare
leichte entzündliche Schwellung der Lungenwurzeldrüsen links wahrscheinlich doch unspezifischer Natur ist . Wir werden jedoch Anfang August
nochmals eine Kontrolltestung vornehmen und können Ihnen erst dann
Endgültiges über die Kurdauer Ihres Hans-Jörg aussagen.

Bei Kerstin stellt sich röntgenologisch leider eine ziemlich ausgedehnte
Schwellung der linken Lungenwurzeldrüsen dar, die von einer entzündlichen
Gewebsbeteiligung des linken Lungenoberlappens begleitet ist. Wir haben
sofort eine intensive kombinierte tuberkulostatische Therapie eingeleitet.
Trotzdem ist bei der gefährdeten Altersstufe in Anbetracht des ausgedehnten Befundes wohl sicher mit einem 6-8 monatigen stationären Kur-
aufenthalt der Kleinen zu rechnen.

Beide Kinder haben sich erfreulicherweise sehr gut eingelebt, nachdem
wir sie zusammen auf einer Station jetzt untergebracht haben. Sie machen
uns allen durch ihr liebes aufgeschlossenes Wesen sehr viel Freude und
haben auch netten Kontakt mit ihren Zimmergefährten. Sie sind beide sehr
vergnügt und fröhlich, so daß Sie in keiner Weise besorgt zu sein brauchen. In ca. 14 Tagen werden wir Ihnen wegen der fraglichen Entlassung
Ihres Hans-Jörg Endgültiges sagen können und verbleiben bis dahin

mit vorzüglicher Hochachtung

Abt.-Arztin   Chefarzt Dr.

Klinikbrief 8. Okt. 1963

PRINZREGENT LUITPOLD KINDERKLINIK
SCHEIDEGG IM ALLGÄU
CHEFARZT: DR MED

Scheidegg (Allgäu), 8.10.1963

Sehr geehrte Frau Wiebe!

Wie wir von Sr. hörten, hätten Sie gern Nachricht wie es Ihrer kleinen Kerstin geht. Erfreulicherweise können wir Ihnen sagen, daß Ihre Kleine quicklebendig und stets fröhlich ist. Den Abschied von Hansjörg hat sie ohne jede Schwierigkeit überstanden. Sie macht uns allen durch ihr zutrauliches, liebes Wesen viel Freude. An Gewicht hat sie bisher langsam, doch stetig zugenommen, sodaß wir auch in dieser Hinsicht mit ihr durchaus zufrieden sind.

Sie hätten nun gern gewußt, ob Kerstin das Weihnachtsfest schon mit Ihnen zu Hause verleben kann. Leider können wir Ihnen hierzu im Augenblick noch keine verbindliche Zusage geben, da ja bis zum Kurablauf Ende Dezember noch fast 10 Wochen vor uns liegen und wir z.Zt. nicht beurteilen können, wie weitgehend sich der Lungenwurzeldrüsenprozeß und der entzündliche miterkrankte linke Oberlappen bis dahin gebessert haben werden.

Mit besten Wünschen für Ihre eigene Genesung verbleiben wir

mit vorzüglicher Hochachtung

Abt.-Ärztin   (Chefarzt Dr.

196

Klinikbrief 6. April 1964

PRINZREGENT LUITPOLD KINDERKLINIK
SCHEIDEGG IM ALLGÄU

CHEFARZT: DR MED. :

Scheidegg, den 6.4.1964

Sehr geehrte Familie Wiebe!

      In Beantwortung Ihres Schreibens an Schwester
vom 20.3. möchten wir Ihnen mitteilen, daß es Ihrer kleinen Kerstin
recht gut geht. Sie ist immer vergnügt und munter unter ihren kleinen
Spielkameradinnen und vermißt ihr Zuhause nicht. Von Masern blieb
Kerstin völlig verschont. Sie erhielt vorbeugend ein Masernserum, was
ganz sicher der Grund war, daß bei ihr keine Masern aufgetreten sind.
So ist auch der Kurverlauf weiterhin gut. Die letze Lungenaufnahme
vom Februar ergab ebenfalls eine Besserung des Lungenbefundes. Ob
Kerstin nun im Juni nach Hause entlassen werden kann, wird zwar erst
das nächste Röntgenbild, das Mitte Mai angefertigt werden wird, zeigen.
Vielleicht schreiben Sie uns um diese Zeit wieder an, und wir werden
Ihnen dann gerne einen neuen Bericht über Ihre Kerstin zukommen lassen.

                        Mit vorzüglicher Hochachtung

                        (Frau Dr.

Klinikpostkarte 10. Nov. 1963

Klinikbrief 1. Juni 1964

PRINZREGENT LUITPOLD KINDERKLINIK
SCHEIDEGG IM ALLGÄU

CHEFARZT: DR MED.

Scheidegg/Allgäu,den 1.6.64

Sehr geehrte Fam.Wiebe!

Wir möchten Ihnen heute gern wieder einen Zwischen-
bericht über Ihre kleine Kerstin geben.Erfreulicherweise läßt
sich sagen,daß die linksseitigen Entzündungserscheinungen im
linken Oberlappen,wie auch an den Lungenwurzeldrüsen weiterhin
in befriedigender Rückbildung begriffen sind.Wir glauben
daher,daß eine Verlängerung der Kur um 2 Monate ausreichend
sein wird,um die restlichen Entzündungszeichen zum Abklingen
zu bringen.

Im allgemeinen hat sich Kerstin recht gut herausgemacht,
sie sieht frisch aus und ist immer vergnügt.Wie wir durch
Schwester ..... hörten,ist Mutti zwischenzeitlich auch wieder
in Kurbehandlung.Es wird Sie sicher ganz besonders freuen,
wenn wir Ihnen nach Ablauf der jetzt vorgeschlagenen Kurzeit,
also zum 24.August,Ihre kleine Kerstin wieder heimgeben können.
Bis dahin verbleiben wir mit

vorzüglicher Hochachtung

Abt.-Ärztin   Chefarzt Dr.

Zeitfracht Medien GmbH
Ferdinand-Jühlke-Straße 7
99095 Erfurt, Deutschland
produktsicherheit@kolibri360.de